IRAN GARCIA

LAS CLAVES DEL ÉXITO EN LA VIDA

Una guía para principiantes con hábitos y principios de motivación psicológica para emprender y alcanzar el éxito personal, económico y social.

IRAN GARCIA

IRAN GARCIA

EN COLABORACIÓN CON GIOVER PICONNE

Esta obra es producto de arduo trabajo, dedicación y fe. Este libro está dedicado a mi madre <u>Guadalupe,</u> quien siempre me ah acompañado y nunca me ah soltado en mi viaje.

A mi hermano <u>Sebastian</u>, quien apenas comienza su recorrido y espero supere sus metas y expectativas.

A mi pareja <u>Samantha</u>, que me acompaña en este camino y cree en mí incondicionalmente.

A <u>Gerald Confienza</u> quien fue y es pieza fundamental en este trayecto de la "autopublicación".

Gracias a todos los que me apoyan en este camino y creen en mí.

Fracaso

¿Quién no ha pasado por un fracaso en la vida? Son millones de personas que diariamente pasan por fracasos. Sea amoroso, de negocios, o cualquier otro. La verdadera pregunta es:

¿Quién aprende de los fracasos y emprende? A ese pequeño porcentaje de personas quiero que nos unamos hoy.

En realidad, no pierde el que fracasa, pierde el que deja que el fracaso domine su vida o su negocio. La mejor manera de aprender de esto es: afrontándolo de frente y aceptando tus errores.

El fracaso ha sido adoptado por la sociedad de una manera errónea. Tal vez pensaras: "si fracaso todos se reirán de mi" "si fracaso no podré seguir" "si fracaso nadie me tomara enserio" pero, ¿Qué pasaría si triunfas gracias a tantos fracasos? ¿Qué pasaría si nunca te rindes de tanto fracasar y sigues adelante? ¿No crees que en algún momento todo cambiará para bien, y después de tanta caída, sabrás como sobre llevar las cosas? Y vamos, acaso ¿no te encantaría saber la respuesta de todas estas preguntas?

Es obvio que, para llegar a ser un gran empresario, o un gran negociante, debemos pasar por miles de fracasos, es totalmente imposible que estas situaciones no lleguen a tu vida ¿la razón? Somos humanos, no somos perfectos.

Los dueños de las grandes empresas que generan millones de dólares anualmente pasaron por tantos fracasos que en ocasiones se llegaron a conformar con lo poco que tenían. Pero no se rindieron y el resultado, es el que todos sabemos.

El fracaso en la vida, no es más que pruebas de la misma vida. Preparándote para que puedas afrontar tu futuro con responsabilidad e inteligencia.

Ver el desastre como solo fracaso, es de mediocres. Por la simple razón que las personas que se dejan dominar por un pequeño hundimiento, se conforman con migajas y nunca emprenden con cualquier idea que tengan en mente, por la razón que antes de empezar a emprender ya están preocupados por eso mismo, y el ¿qué dirán de mi fracaso?

Presta atención al fracaso cuando este llega a tu vida, y de la manera de cómo llegó. Será la mejor manera de aprender de lo malo y estar atentos a futuros problemas similares que puedan tener soluciones iguales al fracaso que hoy afrontas.

Cometer fracaso o errores, son parte del camino que elegiste tomar para emprender y ser exitoso. ¿Quién dijo que ser exitoso solo tienes que ignorar los errores y fracasos?

Muchas personas dicen: "solo sigo el camino que tengo en frente y seré un millonario empresario" como si la vida fuera soplar y hacer botellas, pero cuando se topan con la primera roca del camino del éxito dicen: ¿Qué es esto? Mejor lo ignoro y sigo.

Más adelante te topas con otra roca, la cual te genera un problema igual al problema de la primera roca, pero como ignoraste la primera, no sabrás como afrontar este problema que tienes en frente, porque no quisiste prestar atención a la lección que tenía la primera roca. Y por eso son más las personas que se rinden en este camino de conseguir el éxito, que aquellas que aprenden de todos sus fracasos y consiguen superar el difícil camino para emprender y tocar el éxito.

"No pierde el que fracasa, pierde el que deja que el fracaso domine su vida y su negocio"

Rendirse no es una opción

Cuando una persona decide emprender y buscar su propio camino que le genero paz y tranquilidad, así como también comodidad y estabilidad económica, el no rendirse será un punto clave para alcanzar todas las metas que tengas en mente.

Los caminos del éxito suelen ser tan crueles y maltratadores, que incluso los más grandes de las industrias han llorado y se han arrodillado ante tanta presión. Te querrán ver opacado y rindiéndote de rodillas, suplicando y temblando. Generándote miedo e inseguridad, cosa que te aleja por mucho del éxito. Miedo que te atrapará de pies a cabeza y te conquistará mentalmente, cosa que no te deja expresar y pensar con claridad absoluta. Y una inseguridad que no sabrás siquiera si tu nombre es tu verdadero nombre, o si eres capaz de hacer, lo que antes hacías muy bien.

Aunque el miedo esté presente en nuestro largo camino, debemos actuar y no aceptar la rendición como una opción. ¿Quién dijo que el buen marinero se hace en una marea tranquila? Debemos tener la mente positiva y afrontar las adversidades que se nos atraviese en el camino hacia el éxito.

En una historia comentada hace tiempo hay una parte donde el pequeño Ángel va en busca de trabajo, y llega a la carnicería del señor Ramón. Pero al preguntar si tenían algún trabajo, la respuesta fue un no. El niño no acepto la rendición en su mente y miro a su alrededor buscando alguna otra opción para conseguir su cometido. Al señor le había llegado su cargamento de carne, por lo tanto, el suelo estaba manchado de agua con la sangre del animal. El chico capto inmediatamente y pregunto: Señor ¿y si le limpio el suelo en lo que terminen de bajar toda la carne? El dueño del negocio miro el suelo sucio y le dio el trabajo al pequeño. Como ves, el pequeño Ángel no acepto la rendición y siguió adelante buscando salidas a su problema.

Muchas personas se rinden de tanto intentar e intentar. Pero a veces los problemas los tienen ellos en su forma de hacer los cometidos. En muchas ocasiones es mejor tomarse un tiempo, meditar y buscar ¿el porqué de tu fracaso?

Cuando sientas que estas al borde de sucumbir ante la rendición, es mejor tomarte un descanso y meditar tomándote un café. Para que veas que la respuesta, o la solución a tu problema está frente a ti. Así de dramáticos llegamos a ser los seres humanos cuando estamos a punto de rendirnos. Es mejor tomarnos un descanso a rendirnos.

La mejor manera de salir del valle oscuro de la rendición, es tener en claro tus metas y lo que quieres obtener en un mañana. Pensar en claro y tener claro lo que quieres, será un peldaño más que pondrás a la escalera que iras armando para salir de ese fondo.

La mente juega un papel importante para salir de la actuación de la rendición. Tener la mente positiva y decirte a sí mismo, o gritarlo fuertemente: "VOY A SUPERAR LOS PROBLEMAS" va a crear en tu mente una coraza blindada que te hará salir adelante ante cualquier problema que se te presente. Al principio crear esa coraza será difícil, pero ya después de tanta práctica, tu mente lo convierte en un hábito.

"No rendirse significa: ÉXITO"

No cuentes los pollitos antes de nacer

A muchos nos ha pasado que vamos a un lugar en busca de trabajo, y vamos con las ganas de superarnos, comenzar a invertir o querer comprar algo con nuestro primer sueldo. Pero a la hora de la entrevista solo recibes un: "NOSOTROS TE LLAMAMOS" o recibes un: "LO SIENTO YA ESTAMOS COMPLETOS". Esas respuestas destruyen nuestras ganas de trabajar, y los planes a futuro que nos habíamos hecho con la ganancia de nuestro primer sueldo.

Hacer planes por adelantado es como retar al futuro diciéndole: "OBTENDRÉ ESE DINERO, Y NO PODRAS QUITARMELO" pero en realidad la mayoría de las veces sucede algo que, por razón alguna, el dinero, o los planes que tenías se van a la basura.

Tener pensamientos a futuro no es malo, malo es no saber cuándo hacerlos: no es igual, pensar ¿qué hacer? o comprar con el dinero que tendrás a final de mes, a tener el dinero en las manos a final de mes y hacer planes a futuro.

Al parecer hacerse planes antes de tener el dinero en las manos es tan malo y toxico que no contribuyes en nada a tu verdadero futuro. De lo contrario, lo destruyes tú mismo con ideas demasiado grandes. Pero que no tienes las posibilidades de alcanzar económicamente al momento. Las diferencias entre tener y no tener tu dinero a tu disposición son las siguientes:

- Sin dinero no puedes actuar inmediatamente.

- Con el dinero a la mano podrás invertir y esperar resultados a futuro.

- Sin dinero los planes a futuros se quedan en solo "planes".

- Con el dinero a la mano los planes se convierten en "acción".

- Sin dinero las opciones son casi nulas.

- Con dinero las opciones son ilimitadas.

"Aprender a pensar en ¿Qué hacer? En el momento correcto, cambiara tus planes"

Motivación por falta de oportunidad

La falta de oportunidad nos alcanza al principio de nuestros pensamientos como emprendedores, y no es más que solamente la primera roca en el camino que vamos a enfrentar.

Al principio de todas las faltas de oportunidades financieras, como de oportunidades en trabajos nos afectan de algún modo, pero. ¿Nos quedaremos así toda la vida? Es obvio que no, a menos que no quieras ser emprendedor exitoso.

Es obvio que cuando no tenemos ninguna oportunidad es casi inevitable no bajar los ánimos, pero para eso existe algo llamado: "AUTO MOTIVACIÓN".

¿Qué es la auto motivación? Es la capacidad que tiene una persona de sacarle a los momentos malos lo bueno, para seguir adelante en su camino al éxito. La auto motivación es una pieza clave al momento de empezar a emprender. Auto motivarse, te dará ese pequeño salto que necesitas para saltar el charco de agua sin mojarte.

La mejor manera de superar la falta de oportunidad es nada más y nada menos que: CREANDO TUS PROPIAS OPORTUNIDADES. No podemos andar por el mundo cruzando los dedos esperando que una gran empresa o un dueño de negocios nos dé un trabajo que no pagara lo que tú crees que vales. ¿Quién pagara lo que tú crees que vales? Tú mismo te auto pagarás. ¿Como? Creando tú, tus oportunidades. Actualmente y afortunadamente contamos con un gran mecanismo de ayuda llamado "internet"; en el internet encuentras de todo. Cosa que podrías usar para organizarte e ingeniarte tus oportunidades. El mundo del internet es tan amplio que incluso tú mismo puedes trabajar ofreciendo tus servicios, ya sea: mecánico, electricista, tutor, etc.

Si eres mecánico ¿para que buscar trabajo en un taller si tienes que pagar una comisión de tu trabajo? Cuando puedes ofrecerte como mecánico a domicilio y generar ganancias puras solo para ti.

Todo es cuestión de querer hacer y crear tú, tus oportunidades.

"Si no te dieron oportunidades en 100 ocasiones, crea tú mismo 100 oportunidades para ti mismo"

Evita quejarte

Unos de los principales malos hábitos que tenemos los que apenas empezamos a emprender es, quejarnos de todo lo que nos sale mal. Sin saber que lo malo también es parte del éxito.

La combinación entre la baja autoestima que nos genera alguno que otro plan que nos salga mal, y el mal hábito de quejarnos. Solo nos agrega una gran negatividad a nuestro gran pensamiento de emprender. Para nadie es un secreto que la negatividad aleja todo lo bueno de tu vida y afecta a las ramas de tus logros ya obtenidos, o casi por obtener.

Las quejas son uno de los principales malos hábitos que eliminan las personas que consiguen el éxito. Y las razones son más que obvias, las quejas solo traen a tu vida:

1. Más problemas.

2. Más negatividad.

3. Más baja autoestima.

4. Más quejas atrae a más quejas.

5. Menos posibilidades de emprender.

La palabra "queja" tiene como apellido restar cosas buenas a tu vida ya sea del aspecto como lo veas, económico, amorosa, familiar, etc. Además de que las quejas no les agradan a las personas que saben el significado de la misma palabra y lo que atrae las quejas.

A la hora de hacer un negocio con una persona importante, ya sea para extender tu negocio, o cualquier otra meta que quieras hacer. Llegar con quejas a esas personas solo hará que dude de tu capacidad. Y ciertamente las quejas son las incapacidades que no podemos hacer en palabras, y como podrás saber si le dices a un banco, por ejemplo: que no podrás pagar el préstamo que le estas quitando porque tienes muchos problemas del carro, de la casa, del techo, de la cama. De todo, el banco automáticamente o duda para darte el préstamo o no te lo da.

Las quejas no aportan absolutamente nada bueno a tu vida, así que empieza a sacarlas de ti si quieres ser un emprendedor exitoso. Incluso existen métodos para dejar de quejarse, por ejemplo: el método del hilo rojo. ¿En qué consiste? En ponerte un hilo rojo en la muñeca como si fuera una pulsera o brazalete. Y cada vez que te quejes te la cambias de mano. La finalidad de este método es tenerla por muchos días hasta que te quejes. Al quejarte tienes que cambiarla de mano y empezar a contar desde de cero. Intenta llevar un conteo de días y superarlo antes de que te quejes.

Ejemplo: si en la mano izquierda estuviste 4 días sin quejarte, al quejarte debes cambiar el brazalete, o la pulsera, o el hilo rojo a la mano derecha, e intentar tenerla por 5 días sin siquiera una queja.

Así iras aplacando tu mal hábito de la queja y retomaras el camino que quieres seguir.

"Una queja más en tu vida, Una oportunidad que se te puede ir"

Organízate

Muchas personas que empiezan a emprender, empiezan a tener miles de ideas, y las quieren hacer todas, pero tienen de por medio muchas trabas: trabajo, cuidar de los hijos, cocinar, ejercicios, lavar el coche, Entre otras muchas cosas más. A la hora de terminar el día terminas totalmente cansado porque quieres hacer todo un mismo día o en un límite de tiempo.

La desesperación mayormente es generada por no tener tiempo. O, por tener tiempo, pero no saber organizarte, todo se te hace estresante y debes hacer todo a la velocidad de la luz para que te alcance el tiempo al final del día. Pero en realidad al final del día terminas tan cansado que solo quieres descansar. Lejos de aportarte algo bueno a tu mente, cuerpo, y tu tiempo. La mala organización es uno de los más grandes problemas que tenemos los que estamos empezando a emprender. Porque queremos hacer todo a la misma vez, rápidamente, para tener el dinero y seguir invirtiendo en otras ideas que tengamos en mente.

Y no es mala idea invertir, la mala idea es hacer todo a manera acelerada. Las mejores cosas se van construyendo de manera lenta y organizada. Talvez las razones sean porque te centras en un objetivo específico, en un límite de una hora que te hayas puesto.

Tratas de sacarle el mayor provecho a esa idea y seguramente tendrás mejores ideas, que hacer esa misma idea en un límite de 10 minutos y de manera apresurada.

Puedes aplicar la técnica de los tres ocho.

8 horas trabajo/ 8 horas familia/ 8 horas sueño.

Es una buena forma de organizar y dividir tu tiempo en hacer lo que quieres.

La organización planificada además de darte calma y relajación, aporta a tu cuerpo una satisfacción increíble al alcanzar la meta en mente, gracias a tu misma organización. Todo compensa, todo es así: "le saqué gran provecho a mi idea de cómo formatear mi laptop, lo que creí que era, resulto ser cierto." En ese momento el cerebro entrará en un modo de agradecimiento por el logro obtenido. Ya que anteriormente por querer arreglar el problema rápidamente no conseguiste resolver nada y tu mente solo te aporto una molestia, estrés, y un mal rato por no poder arreglar o dar con el problema.

La buena organización no te quitará nada de tu dinero, de lo contrario puede que tu ingreso de dinero aumente por tener claras ideas organizadas de cómo actuar y en qué momento determinado invertir.

Organizarse es tan simple como hacer una taza de tú té, o café preferido, tomar una hoja en blanco, hacer líneas y dividirlas entre los días de las semanas, y ponerle horas y metas específicas a cada día de la semana. O simplemente hacerte un plan mental, y te aseguro que todo se tornara mucho mejor.

"La perfecta organización es tan importante como tus deseos de triunfar."

Enfócate en una cosa a la vez

Cuando tenemos una idea en mente y la queremos desarrollar, y sacarle todo el provecho posible, debemos enfocarnos en una idea a la vez o en una rama de la idea. Tratar de que esa idea sea lo más aprovechada posible para tu negocio o para tu vida.

En muchas ocasiones tenemos tantas ideas en la cabeza que queremos unirlas todas y hacerlas de una vez por todas. Pero no nos damos cuenta que si nos organizamos de una en una en cada idea y buscamos sacarle provecho, podría ser más beneficioso para nuestro propósito en mente.

Ya luego cuando vayas aumentando el potencial de la idea y llegue a su máximo punto, la puedes desechar o seguir desarrollándola tanto como sea posible.

Cuenta la historia de un boxeador que tenía todo lo necesario para ser un campeón mundial, el chico tenía: buen golpe, fuerza, velocidad, buenos movimientos de pies, pero no tenía un buen juego de caderas para esquivar. Y eso lo tenía opacado por uno que tenía un poco de todo lo demás, inclusive el excelente juego de caderas que a él le faltaba.

El chico se dio cuenta que tenía que dedicar más tiempo a esa idea, para mejorarla tanto como pudiera. La idea fue avanzando con el pasar del tiempo, y cada vez más a su idea le fue agregando un avance para mejorar su cometido. Tanto fue el entrenamiento que su juego de cintura era envidiado por muchos en el lugar de entrenamiento. El boxeador vio su error, y le dedico más tiempo a una sola idea y la desarrollo tanto como le fue posible, y el resultado fue el esperado para él.

El desarrollo de una idea no solo te traerá buenos beneficios, también te traerá clientela, o te pedirán asesoramiento de ¿Qué hacer para mejorar ellos también? Por lo cual podrías generar ingresos adicionales, o simplemente aprender de los demás y de sus ideas que podrían ayudarte también.

"Desarrollar una idea a su máximo potencial, podría traerte algo más que solo ingresos"

No te límites

Siempre eh dicho que la limitación humana es solamente mental. Los seres humanos hemos sido programados solo para saber lo que nos enseñan en los estudios y no más, cuando en realidad el cerebro humano es la creación más grande de todo el planeta, y para mí es la primera y única maravilla del mundo.

Hemos sido testigo como la mente humana ha creado miles de novedosos aparatos para todo tipo de ocasiones y necesidades. Por ejemplo: el teléfono, la tableta o laptop que estas usando justo ahora para leer esto. Además de grandes inventos para la salud humana, y los muchos que faltan por descubrirse y practicarse.

Nosotros los seres humanos cuando estamos estancados en un pequeño circulo que yo lo llamo "el imposible" es casi imposible salir adelante. En pocas palabras nos ahogamos en un pequeño vaso de agua. Las limitaciones humanas han sido capaces de dejar en pañales a personas con un potencial, o con la capacidad para cambiar al mundo con sus ideas. Así como también ha llevado a la banca rota a grandes empresas por solo acostumbrarse a lo que tienen y no innovar sus productos por la limitación o el miedo que tienen de saber ¿Qué pasara más adelante?

Si la limitación estuviera en las mentes de los creadores como: Facebook, Amazon, o Alibaba. ¿Crees que hubieran sido las empresas con más ingresos en el mundo? En lo absoluto. Incluso ni existirían, o apenas estuvieran surgiendo.

Cuando un emprendedor que apenas está creciendo tiene limitaciones mentales, el camino será más que difícil. Por la razón de que no dejaras que tu mente vea mucho más allá del muro que te separa del éxito, muro que apenas mide 50 centímetros y tú mides 1,70 metros. ¿Acaso no te crees capaz de pasar ese muro y entrar a la buena vida?

Una vez andando en las redes sociales vi una imagen de un caballo, amarrado a una silla de plástico. Parece absurdo, pero el caballo está acostumbrado a limitarse en movimientos, porque así fue adiestrado desde que nació. Tristemente así somos la mayoría de los seres humanos, desde muy jóvenes nos enseñan a no arriesgarnos, a no experimentar, y por esas razones muchas personas importantes están hoy trabajando de por vida siendo un empleado, cosa que no es malo, pero ser tu propio jefe es mucho mejor.

Cuando superamos la barrera del "no puedo" y empezamos a lograr grandes cosas que antes decíamos: "es imposible que yo haga eso" nos damos de cuenta de lo poco emprendedores que éramos, y lo grande que podemos llegar a ser con nuestras ideas.

Las limitaciones en los negocios son tan absurdas y malas, que te harán perder cantidades inimaginables de dinero. Solo por 7 letras que combinadas que dicen: "NO PUEDO" letras que solamente están en tu mente y que puedes superar solamente diciendo ¿Quién dijo que no puedo? Mas una acción, te harán eliminar ese mal pensamiento limitante de tu mente, y hasta te ponga en un status financiero muy bueno, solo ejércelo y contemplaras la magia que estas por crear.

Debes abandonar, correr de tu mente y olvidarte de las limitaciones, ya que éstas, no aportan nada bueno a tu vida, sea económica, familiar, amorosa y más.

"La limitación mental, es tu peor enemigo"

No critiques, aprende de los que ves

Las críticas tarde o temprano llegarán, así como en cualquier momento también te tocará dar una crítica mala o buena.

Sin duda alguna, la mayoría de las veces las críticas son muy malas. Cuando haces una crítica sin siquiera conocer a una persona, estas perdiendo de tu tiempo en ver los defectos de la otra persona. Cuando puedes utilizar ese mal hábito como un espejo para ti mismo.

Utilizar la crítica como un espejo es una buena manera de auto corregir tus problemas. La mayoría de las veces nos topamos con personas que tienen los mismos defectos que uno tiene. Y utilizarlas como espejo, podría ayudarte a corregir tu defecto.

Si una persona se queja demasiado, vive toda la mañana, tarde y noche quejándose; no la critiques, obsérvala bien y mírate en ese mismo espejo. Así te vez tu cuando dices una queja y las personas te miran, así como tus miras al que se queja. ¿Por qué no aprender de esa persona en vez de criticar?

Este mismo procedimiento lo podemos incluir en nuestro mundo de emprendimiento, ¿Como? Fácil. Ve la empresa de un familiar, o a tu competencia, y observa eso que está haciendo lo que tú crees que este mal, y de la misma forma, analiza si en tu empresa está ocurriendo lo similar. Así podrás tener una idea de cómo solucionar el problema.

Además, es una buena manera de utilizar un mal hábito, en buena forma, y aun mejor te podría traer grandes avances y beneficios.

"Observa al crítico como un espejo tuyo"

No ser negativo

La negatividad ha sido vista por las personas como una manera de traer mala vibra y mala suerte a cualquier lugar, y tristemente para los negativos es verdad. Las personas negativas son tan cortas de mentes como destructivas. Además de no aportar absolutamente nada bueno para ti o tu empresa. La negatividad mental solamente hace que la mala suerte se adueñe del entorno donde estas. Debes de saber que tú eres lo que tú piensas, que eres o lo que quieres llegar a ser. Si tú piensas negativamente ¿Qué obtendrás? Negatividad. ¿Qué obtendrás si piensas positivo? Positividad. Así de simple es esto, pero tan difícil de entender para algunas personas que solo se acostumbran a traer negatividad al entorno donde trabajan o quieren emprender.

Para empresarios como Mark Zuckerberg de la plataforma de Facebook. Y Jack Ma creador de la plataforma Alibaba de china, la negatividad no es opción para ellos. En sus empresas la negatividad no existe, por esa razón están en el top de las mejores empresas del mundo. Y lo repito amigos, la negatividad solo atrae negatividad.

Se positivo al principio de tu carrera como emprendedor, la positividad te traerá más de una buena oportunidad que debes aprovechar cada segundo.

Ser negativo te traerá problemas y más problemas, cosa que no te dejará desarrollar todo tu potencial como emprendedor y te dejará amarrado al principio sin capacidad de avanzar.

"La positividad te llevara a la cima"

Arriesga

Eh conocido personas que quieren emprender, pero les da miedo arriesgar su presupuesto por temor a perderlo todo. ¿Y claro, quién no? Pero debemos saber que el éxito se gana a base de sacrificios. Para nadie es un secreto que algunos de los millonarios del mundo lo han perdido todo por arriesgarse a mejorar su futuro, algunos lo consiguieron de manera rápida y eficaz, por la razón de su perseverancia, enfoque y dedicación. Pero la mayoría pasaron por muchas cosas negativas y a pesar de eso nunca se rindieron y no tuvieron miedo de sacrificar o arriesgar lo que tenían para mejorar a futuro y tener la capacidad económica deseada por todos.

Muchas personas incluso no sacrifican nada, solo que el miedo a saber el futuro que les depara las hace dudar y no salir adelante. Pero piensa esto. Si tienes mil dólares que te cargaste en un mes de trabajo, y lo inviertes en un carro, y luego vendes el carro en dos mil dólares tu ganancia seria del doble.

Si tienes tus mil dólares y ves el carro que lo venden en mil dólares y no lo compras por miedo a perder el dinero que te ganaste en un mes de trabajo, estarías perdiendo mil dólares de ganancia que te pudiste ganar en un mes, pero que por solo comprar y vender el coche te lo ganas en cuestión de 3 días.

A veces, por miedo a perder tu dinero, pierdes tu ganancia.

Ahora veamos los lados positivos y negativos, ¿Qué vas a perder? ¿Un mes de trabajo? ¿Si todo no sale como lo planeado? Pero ¿acaso no podrás recuperar ese dinero si trabajas otro mes? Solo perderías el tiempo que dura el mes de trabajo, pero ¿acaso el año no tiene doce meses que podrías utilizar para tener tus mil dólares nuevamente? Y si inviertes tus mil dólares que te ganaste en un mes y ganas mil dólares en cuestión de 3 días o más ¿no estarías ahorrando el tiempo de trabajo de un mes? O ¿no estarías ganando mil dólares más? ¿No los podrías usar para seguir invirtiendo? Como podrás ver, el lado negativo no es tan negativo como parecía, solo en un mes recuperarías tu dinero nuevamente, pero si arriesgas, tu ganancia sería muy buena.

Un día, una persona me dijo: el error de las personas que quieren hacer negocios es pensar en lo que van a gastar, Cuando en realidad deberían de pensar en cuanto obtendrán de ganancia. La mayoría de las veces pensamos primeramente en lo negativo, pero es normal en la mayoría de los humanos pensar de esa manera, lo peor de todo es que no salimos de ese pensamiento negativo, o solamente le damos más tiempo al lado negativo que al positivo y nunca logramos hacer nada.

"Si arriesgas ganas"

Busca solución a los problemas

Muchas veces no nos damos cuenta que solucionar los problemas de los demás, nos genera dinero en grandes cantidades. La mayoría de las personas que están justo ahora generando masas y masas de dinero, las generan porque están solucionando los problemas de las demás personas. Por lo cual le deben pagar por sus servicios, un ejemplo claro de esto sería Jack Ma el dueño de Alibaba una plataforma china que se encarga de ser intermediaria en hacer negocios de exportación entre países. En china antes de la existencia de Alibaba, no existía una página web donde personas de otros países pudieran hacer convenios de exportación en grandes cantidades a china, por lo tanto, se convertía en un problema muy grande para los empresarios de diferentes países, y como sabían que la mayoría de las empresas no podían exportar, era una mina de oro para el que pudiera exportar en grandes cantidades hacia china. Jack Ma creo Alibaba y lo puso en línea, soluciono los problemas de miles de empresas que querían comercializar, y se convirtió en uno de las personas más ricas del mundo. ¿Como? Solucionando los problemas de las personas.

Es tan simple de comprender que a veces ni nos damos cuenta que hacer dinero solucionando problemas, es la forma más fácil de ganar dinero. Si tú eres mecánico puedes adaptar tu conocimiento para montar un taller y solucionar los problemas de los coches. Si eres técnico de teléfonos o artefactos electrónicos, solucionando los problemas del electrodoméstico de los demás te da dinero. Pero vayamos a una escala más grande, las grandes empresas como Google, Facebook y otras más, contratan a personas especializadas en un área en específico para que sus plataformas se mantengan en buenas condiciones. Para esas empresas, contratar para que solucionen sus problemas representa gastar dinero en los pagos de los contratados, por lo tanto, los contratados generan dinero solucionando los problemas para las empresas.

Si tienes algún conocimiento útil que lo puedas adaptar a alguna forma de hacer dinero, hazlo; y veras como generaras dinero rápido y haciendo lo que te gusta hacer.

"Solucionar problemas, te hace millonario"

No hace falta inventar

Muchas veces nos quedamos pensando en que hacer, o crear una idea original y magnifica que nunca nadie había pensado para hacernos dueño de grandes cantidades de dinero, pero lo que hacemos es perder tiempo en pensar ¿Qué hacer? Cuando en realidad deberíamos de invertir ese tiempo en actuar.

Muchas veces las personas dicen: "Esa idea es poco original" en el fondo sabes que es la verdad, pero te está generando dinero, y no la cambiaras por nada del mundo a una nueva idea original que nadie conoce, y que en mucho tiempo no te generara nada de dinero. Las personas que empiezan a emprender rara vez salen a flote con ideas originales, pero la mayoría fracasa en el intento.
La razón de las ideas originales es que cada idea original tiene varias ramas, ejemplo: si quieres abrir un auto lavado con venta de helados incluida, esa idea te puede generar otras ideas, por decirlo así: auto lavado con venta de helado y también le podría agregar una soda a cada persona que salga del lavado del auto. Y así vas agregando ideas y más ideas hasta estar saturado de ideas.
Pero tal vez a las personas les de algo de duda o miedo que le des soda al salir de lavar el auto, y eso podría no ser buena idea.

Cuando en todo ese tiempo que perdiste pensando en una idea original podrías actuar desde ya haciendo un auto lavado común y corriente como cualquier otro, agregando buena atención al cliente y buen servicio. Y podría generarte tanta plata como cualquier otro auto lavado.

Los creadores de grandes ideas solamente tomaron la idea de alguien más y le agregaron un detalle más como por ejemplo: las maletas, las maletas por muchos años fueron cargadas; hasta que un piloto de avión vio a las personas y se preguntó ¿Por qué las personas cargan las maletas, si pueden rodarlas y ser menos trabajo? en ese justo momento agrego dos ideas ya creadas como la maleta, las ruedas, y las agrego a una sola idea y en cuestión de meses su cuenta bancaria exploto en dólares. Se hizo millonario con una idea nada original, y ahora ¿Quién no tiene una maleta con ruedas?

No hace falta ser un súper genio para generar dinero, solo se tiene que buscar la manera actuar e ir probando ideas hasta dar en el clavo a la idea del millón.

"No hace falta ser original, muchas veces el dinero está en frente de ti"

Adapta ideas a tu conocimiento

Muchas veces tenemos el conocimiento adecuado para empezar a emprender, ya sea que seas graduado, o que tengas el conocimiento de otra forma. Pero los conocimientos les hace falta muchas veces terminar de pulirlos o afinar detalles agregando ideas para que tu conocimiento sea explotado con mayor facilidad y genere una cantidad de dinero adecuada.

La combinación entre lo profesional y lo poco común puede generar un interés o controversia por las personas, y el interés y la controversia es igual a dinero. ¿Como crees que lo artistas generan dinero? Muchas veces vemos a algunos artistas que de la noche a la mañana salen con la noticia de que existen rumores de posible infidelidad, pero que aún no ha sido confirmada. Pues muchas veces es verdad, pero la mayoría son solo montajes generados por ellos mismos para llamar la atención y generar dinero, y esa es una idea ejemplar de como adaptar una acción o posible acción a tu profesionalismo.

La adaptación de ideas te podría traer nuevos problemas que podrás arreglar según tu capacidad que tengas de resolverlos, cada idea agregada tiene sus pro y contras, la cual debes estar al pendiente para buscar la solución y convertir tu problema en una solución, y no que el problema se coma a la solución.

"Adaptar ideas nuevas a tu conocimiento, te podría poner un pie más cerca del éxito"

Reinvente e innova

Cuando me refiero a reinventar e innovar, me refiero a crear nuevas ideas capaces de agregar más clientela a tu negocio. Cada reinvención que hagas debe llevar su pro y sus contras para saber contrarrestar los problemas que podrían llegar por la nueva adaptación a tu negocio.

Las palabras reinventar e innovar les dan miedo a muchas personas. Pues la razón es que estas palabras han hecho quedar en banca rota a muchos grandes de las industrias. Estas palabras pueden llegar a darte el paso final a obtener cuentas capaces de mantenerte cómodo económicamente, pero también podrían sacarte canas verdes si no las sabes aplicar en el momento justo, y saber estar preparado para los contras de cada idea que le agregues.

La innovación en los negocios se tiene que ir agregando cada cierto tiempo en que la competencia lo haga. Si la competencia innova y crea, y tú no innovas ni creas serás aplastado como cucaracha, pues este te comerá. Actualmente el mundo ha generado nuevas formas de innovación, y mientras más sea la impresión al cliente de lo nuevo, más clientes atraerás a tu empresa.

Las innovaciones constantes, y cuando sea necesaria sin duda alguna, pondrá a tu negocio en un muy buen status.

Ejemplo: si tu negocio es una venta de hamburguesa, y tienes un año con el mismo uniforme. Podrías crear un uniforme con colores llamativos, y el nombre de tu empleado podría estar en la camisa en luces, que cambien de color cada cierto minuto. Esta innovación en el empleado podría causarle una gran impresión en el cliente, pues lo primero con que se encuentra el cliente es con el empleado al que le pedirá la comida, y eso podría generar una gran impresión y comodidad en el cerebro del comprador.

Cada área de tu empresa sea grande, o pequeña debe tener innovaciones y creaciones nuevas para el llamado del cliente. Las innovaciones en cada área las recomiendo que sean con un especialista en la idea que quieras adaptar, para que la idea sea explotada como es debido y sacar el mayor provecho posible. De lo contrario la idea sería destruida y habrá pérdida de dinero.

"Cada innovación y creación bien planteada y adaptada, te acercará a tus números soñados"

Piensa a futuro

Pensar a futuro no tiene absolutamente nada de malo, lo contrario, ayudará a recuperar tu capital invertido en unos meses o años más tarde, es como un crédito que estás pidiéndole al banco solo que este será generado por ti mismo.

Muchas empresas y millonarios compran antigüedades con el fin de venderlas en unos años, pues están claros que, mientras más años pasen, el valor de lo comprado aumentara mucho más mientras más pasa el tiempo. Te daré un ejemplo fácil de entender: los vinos.
Los vinos más caros del mercado tienen muchos años de añejamientos, como todos sabrán mientras más años tenga el vino en el barril, más dulce y exquisito será el sabor, por lo tanto, el valor aumenta por cada punto positivo del vino.

Actualmente la empresa automotriz BUGATI realizo un nuevo diseño. De este nuevo diseño del auto, solo se ensamblarán 30 modelos. Con la finalidad de darle a la empresa a lo largo de los años más popularidad y aumentar de puesto entre los mejores coches del mundo. Estoy totalmente seguro que la mayoría de estos autos estarán en museos exhibiéndose solo para pasar el tiempo, si el precio inicial del auto es de 2 millones de dólares, dentro de 5 o 10 años el valor del auto aumentara exageradamente, soy capaz de decir que sobre pasaría los 7 millones de dólares.

Las empresas cuando tienen grandes capitales de dinero invierten en materiales coleccionables con la misma finalidad de todo negocio, generar más dinero con el pasar de los años.

Pues cuando empezamos una empresa y empezamos a generar dinero en buenas cantidades, pensar a futuro sería la mejor para ti y para tu empresa. Pues aseguraría tu capital invertido y lo doblarías o triplicarías al pasar de los años.

Pensar a futuro no solo es gastar dinero en una pieza coleccionable o en lo que queramos invertir, pues la pieza más clave de todo este proceso además de saber en qué gastarás el dinero es la paciencia, y la forma como promociones o le hagas saber a las personas que tienes ese material de alto valor. Y que estarás interesado en venderlo en unos años.

Muchas veces los coleccionistas de coches compran autos increíbles y totalmente originales, y desde el momento que los compran empiezan a generar dinero poniéndolos en museos, o mostrándolos en exhibiciones de coches, pues la finalidad de todas estas exhibiciones es que, el valor del auto aumenta mientras más popularidad tenga.

Incluso hasta generar un plan de exhibición en la televisión o revistas de coches o el periódico de tu ciudad podría ayudarte a obtener la suma de dinero que quieras obtener, la fama del artículo podría aumentar mientras más exposición le des. Así como también podrías comprar algo y esconderlo durante muchos años, y luego sacarlo a la luz pública, aunque sería una jugada de doble filo.

"Cuando inviertes a futuro, estas asegurando tu futuro y tu dinero"

No te detengas cuando alcances el éxito

Muchas personas cuando empiezan en el mundo del emprendimiento y la creación de sus empresas, empiezan a tener sueños de grandeza de poner su empresa en lo más top de todas las empresas y generar grandes cantidades de dinero, pues eso no tiene absolutamente nada de malo, los grandes logros empezaron como un sueño y hoy en día son sueños hechos realidad.

Cuando vamos caminando y luchando en este difícil mundo del emprendimiento personal las personas que alcanzan el éxito absoluto que una vez soñaron, prácticamente cuando alcanzan el éxito, tiran la toalla. Pues es un gran error que casi todos los exitosos comenten.

Cuando alcanzamos el éxito tenemos que saber que el camino no termina en ese punto, es más que claro que el camino del emprendimiento personal y del éxito nunca termina, es como los numero, tan infinito como el mismo espacio.

El camino del éxito al alcanzarlo habrá una puerta, en el suelo estará la llave que abre la puerta, y pensaras "oh eh llegado" pero cuando la abres la sorpresa es que el camino sigue y a veces es hasta más difícil que el principio.

Un claro ejemplo son los artistas, algunos dicen que darían lo que fuera por salir un momento a la calle y no tener todos los fotógrafos y personas haciéndoles preguntas. Pero ese es el camino que eligieron y estaban más que claros cuales eran sus pros y contras de lo que querían. Incluso muchos abandonan sus carreras para que sean olvidados y no sean tan atormentados.

Cuando alcanzamos el éxito debemos seguir adelante sin detenernos, esto es para toda la vida, el éxito al tocarse de debe disfrutar al máximo mientras tengas el éxito en la palma de tu mano.

"El éxito no es nada fácil de obtener, pero cuando lo obtenemos… No debemos detenernos"

Siempre habrá competencia

Siempre en el mundo empresarial habrá personas que buscan sueños similares a los de nosotros, pues es más que obvio que no somos los únicos en el mundo con ganas de triunfar y tener grandes cantidades de dinero. Muchas personas alrededor del mundo buscan la manera de abrir un nuevo negocio o empresa con la finalidad de ser los números uno en su ciudad o país.

La competencia siempre estará latente frente en ti, y más si tu empresa está posicionada en el tope de la cadena empresarial. Siempre tendrás a alguien detrás de ti buscando la manera de cómo ganarse tu clientela y aumentar su cantidad de dinero. Siempre en el medio empresarial existen diversas formas de ganar la clientela de tu competencia. Sea aportando nueva tecnología a tu empresa, dictando cursos para mejorar la trata a la clientela, cursos motivacionales, Etc.... cualquier aporte que le des a tu empresa es válido para mantenerte en la pelea de seguir teniendo a tus clientes contentos.

Existen personas que son adictas a las rebajas de precio, o mitad de precio. Son capaces de caminan kilómetros solo para comprar dos artículos por el precio de uno, o a mitad de precio, y es obvio porque ahorran algo de dinero que podrían gastar en algo más.

Eso podría ser una buena idea para no perder clientela. Aunque la técnica es antigua y muy usada se ha mantenido al pasar de los años porque es sumamente buena. Si tu competencia tiene el mismo artículo tuyo a 5 dólares, tú puedes ponerlo a 4 dólares, y es muy seguro que más personas te van a preferir por ese solo dólar de descuento, a las personas nos encantan las rebajas y los precios gangas. Si tu empresa competencia tiene dos artículos similares, podrías poner tus dos artículos similares en precios gangas, te llevas dos y uno a mitad de precio.

Las técnicas de llamar a los clientes abundan en el internet, y cada día son creadas muchas. Pero no solo es poner gangas por ponerlas. Todo debe tener su propósito y finalidad. Debes escoger una oferte que vaya de acorde a los gastos que tuviste al comprar los productos que pondrás en promoción, y sacar la cuenta de que podrás recuperar la cantidad que invertiste. No tendría sentido pedir un cargamento que te cueste un millón de dólar y solo por ponerlo en oferta te ganes medio millón. La idea es ganar por lómenos un 10% de lo que invertiste.

La competencia siempre será tu pelea a muerte. Siempre estará al pendiente de tu error para quitarte tus clientes, una mala jugada podría costarte miles de dólares y una muy buena jugada podría agregar muchos ceros a tu cuenta.

La cosa está en que cada movimiento que des debes de darlo seguro de que será un éxito, de lo contrario debes tener tu cuenta al pendiente para acomodar cualquier error antes de que te cueste más dinero de lo que debería costar, atacar un problema desde el principio recortará exponencialmente tus gastos a futuro de ese error cometido.

Los movimientos y técnicas de ventas podrían ser consultados por expertos en la materia, tendrías más posibilidades de que funcione y también podrías tener buenos consejos de personas estudiadas en la materia. Si tu billetera te permite contratar a un experto en lo que quieras hacer, lo recomiendo que lo hagas. Todo sea por el bien de tu negocio y para ganar más clientes.

"Siempre habrá competencia, y debes de estar siempre un paso adelante para no ser superado"

Piensa en lo que ganarás, no en lo que invertirás

Este consejo lo ofrece un empresario de Portugal, afortunadamente esto se presentó en mi vida, y decido compartirlo en este libro. Tal consejo me dejo marcado hasta el día de hoy. Y creo que la razón de su marca en mí, es la cruda verdad del consejo.

Cuando empezamos un negocio con una poca cantidad de dinero nos da miedo perder el dinero y quedarnos sin el presupuesto que teníamos, y solamente quedarnos con las ideas. Pero sin darnos cuenta cometemos un error garrafal sin empezar el negocio.

Cuando empezamos a pensar en la cantidad de dinero que gastaremos y no en la que recibiremos como ganancia vamos acortando cada vez más los planes a futuro y las posibles ganancias netas del producto o empresa en la que invertiste.

Es obvio que actuar con miedo es algo común en los seres humanos, seria anti natural que no te de miedo a lo desconocido, pero en el mundo del negocio debes superar la barrera del "perderé todo mi dinero" y llegar a la línea del "me arriesgare y tendré buenas ganancias".

Sin riesgos no existen ganancias, y eso es una lección que debe de saber cada inversionista, dueño de empresa, y emprendedor autónomo. Si vamos por la vida con negatividad, negatividad tendremos y la negatividad en negocios que apenas están en pañales es catastrófico.

"El miedo al fracaso y el miedo a perder tu dinero debe ser superado, para llegar a la meta que quieras llegar"

Pensar en grande, no es ser avaro

Muchas personas creen que las personas que hablan de grandezas son avaras por la magnitud de sus sueños. Pero ¿Quién son los demás para poner en dudas tus sueños de grandeza? Todo gran empresario o emprendedor tiene la ilusión de llegar a ser el más grande empresario del mundo, cuando apenas está en desarrollo.

Las empresas más grandes del mundo son creadas primeramente como ideas y fantasías cuando apenas están empezando, o ni siquiera están en desarrollo. El error más grande que podemos cometer es dejarnos llevar por lo que digan las personas, eso nos lleva directo al abismo de la banca rota, abismo que es el peor sueño del empresario.

Muchas de las grandes empresas en el mundo empezaron ya sea: acostados, en una silla, en el baño, leyendo algún libro o artículo. Y a veces sin un centavo en la billetera.

La diferencia entre triunfar o no triunfar está en el empeño y que tanto deseas cumplir tus sueños de grandeza. Todo está en ti, en tus deseos y ganas de triunfar.

No dejes que los demás te digan lo que eres, porque están diciendo lo que ellos creen que tú eres. Cuando en realidad nadie se conoce más que uno mismo y uno mismo sabe quién soy, y adonde quiero llegar con todas mis ideas de grandeza.

"Las grandes empresas empiezan con un sueño de grandeza, tú te mereces lo mejor de lo mejor. No dejes que nadie te critique por tus sueños que parecen inalcanzables para ellos, cuando para ti son muy posibles si tu mismos te los crees"

Habla con personas y obtén ideas

Muchas veces nos vemos en medio de personas que solamente hablan o critican nuestros trabajos o sueños, pero, así como existen personas habladoras también existen personas que aportan grandes ideas, a veces sin que ellas mismas se den de cuenta.

Cuando estamos rodeados de personas trabajadoras las ideas fluirán e irán siendo adaptadas a la necesidad que quieras cubrir, y por lo tanto también resolviendo tus problemas. Como dueño de una empresa debes hacer charlas rutinarias con tus trabajadores para estar al tanto de las fallas tanto pequeñas como grandes del establecimiento y que se podría hacer la mejorar el problema existente.

Muchos de las empresas no toman en cuenta a los trabajadores porque para ellos son solo eso, trabajadores. Pero en realidad son el corazón de tu empresa. Ellos pueden aportar grandes ideas que podrías aprovechar, ya sea para tener mayor ganancia, llamado de clientes, servicio al cliente etc.

Recuerda que tus trabajadores también tienen ideas y ganas de crear sus mismas empresas que podrían ser exitosas por sus ideas, tus trabajadores no siempre trabajaran para ti, si tienen ese sueño de ser dueño de alguna empresa, por lo tanto, aprovecha cada detalle o idea que se te aporte y sácale el mayor provecho.

Puedes hacer una pequeña reunión con tus trabajadores antes de empezar o al terminar el trabajo, diles que te digan las fallas del negocio o posibles fallas y ve haciendo una lista. Pregúntales como ellos resolverían ese problema. Y así al tener todas las ideas escritas vas enumerando cual será la primera y de qué manera arreglarla.

No todas las personas en la vida critican siempre lo malo, incluso esas mismas personas que solo critican y critican también se les puede sacar algún tipo de provecho sabiéndolo buscarlo.

"Las personas que te rodean podrían hacer de tu empresa, las más grande"

Es difícil ser un león, atado por una oveja

A lo largo de los tiempos se han escuchados rumores de que muchas personas no han podido surgir, o superarse por la simple razón de estar rodeados de personas pesimistas, cortas de mentes que solo aportan negatividad y malos augurios para ti y tu futuro. Es difícil estar rodeados de personas mediocres cuando en el fondo sabes que tú no eres de esa forma, y no te sientes cómodo porque no son tus mismos pensamientos de superación y ganas de ser exitoso.

Si te encuentras en esa posición de debate entre si salir de tus verdugos parlantes o quedarte anclado en la isla de la no superación. Mi consejo sería: sal rápidamente de esa zona roja en la que estas metido.
Estar atado por ovejas pesimistas siendo tu un león con futuro es frustrante y se cómo se siente, aunque muchas veces no nos salimos de esa zona roja solo por cariño a tus verdugos, ya que da la casualidad que casi siempre son de tu lado familiar o de tus mejores amigos o amigas.
 Es algo inútil anclarse a una vida de no superación solo por sentir cariño cuando en el fondo sabemos que para ser exitosos debemos sacrificar a veces lo que más amamos para hacer realidad los sueños.

No digo que elimines totalmente a las personas toxicas, solo que sería bueno que te apartaras de esos malos pensamientos que te aportan las ovejas y te centres bastante tiempo en tus propias ideas.

Por ejemplo: estas en una habitación con la puerta abierta, fuera de la puerta se encuentra un maletín con un millón de dólares. Pero tu estas atado a tu silla favorita que solo pesa 5 libras, estas al tanto del peso de la silla, pero no quieres salir a tomar el maletín porque puedes romper la silla que tanto amas, cuando al tomar el maletín podrías arreglar la silla o comprar otra mucho mejor.

Así de cortos nos podemos ver al estar rodeados de ovejas que no aportan nada para nosotros, incluso existen casos de personas que lo han perdido todo, solo por rodearse de personas inadecuadas por un largo periodo de tiempo. Pero podrían haberse salvado de toda tragedia solamente con alejarse de esas personas por un periodo de tiempo. No necesariamente debemos romper amistad con alguien para alejarse, a veces es necesario solamente hablar y dar a entender lo que quieres lograr con el alejamiento, mas no decir tu fin y planes por el cual te alejaras.

"Un león no debería dejarse atar, ni por mil ovejas.

La lección de las plantas: raíz, tallo, hojas, frutos

Muchas veces la misma naturaleza que nos rodea nos da aprendizajes para nuestra vida empresarial. Cada animal, planta, persona, y objeto tiene un propósito en el mundo. Todo está de nuestro lado adaptarlo a nuestras exigencias y sacar provecho.

Las plantas se asemejan mucho a la vida empresarial de un empresario ya desarrollado a uno que apenas está en desarrollo. La similitud de las plantas en los negocios, desde mi punto de vista se asemeja mucho al empresario que apenas comienza. Muchas veces las plantas son aplastadas, cortadas, arrancadas, envenenadas, y muchas formas más. Y de esa misma manera las personas son vistas y maltratadas en el mundo de los negocios.

¿Quién no ha visto a una planta surgiendo de una acera, o del asfalto, o de un pedazo de concreto? Estoy seguro que muchas personas la habrán visto y así mismo somos los emprendedores que empezamos de cero, de la nada.

Muchas veces somos pisoteados, o burlados por personas expertas en el área que nos queremos establecer, y como las plantas esta seria nuestro obstáculo que nos impide nacer y empezar a crecer con el pasar del tiempo. Tristemente en el mundo de los negocios muchas personas querrán aplastarte antes de que nazcas solo por pura maldad, así como también pueden hacerlo porque ven tu potencial como trabajador y le temen a que puedas quitarles el trono.

Cuando va pasando el tiempo y superamos ese obstáculo de alguna manera inteligente y efectiva, surgimos con una buena raíz ya que al ver que superamos el obstáculo, nuestro ego aumentara y nos creemos capaz de cualquier cosa. Aunque debemos aprender a controlar nuestro ego ya que podría ser un arma de triple filo. Vamos creciendo con un buen pie, una buena raíz y se aflora.

El tallo. Que vendrían siendo las oportunidades que nos dará la vida por superar el obstáculo. Debemos saber aprovechar al máximo las oportunidades buenas que se nos presenta ya que gracias a ellas podemos llegar al otro punto donde queremos llegar que seria.

Las hojas. Que significan el resultado de todo lo que vendríamos pasando desde el principio, y aprovechando cada oportunidad que se nos presentó. Cada hoja de tu planta será una posible fortaleza para los frutos que vendrán saliendo con el pasar del tiempo gracias a los sacrificios y aprendizajes que obtuviste con el pasar del tiempo.

Los frutos serian el resultado esperado de todo lo pasado y aprendido, cada fruto debe ser cuidado con suma delicadeza en todos los aspectos ya que podrían ser robados. Cada fruto tiene semillas y cada semilla es una planta más que podrá ir creciendo con tu ayuda gracias a todo lo logrado por ti mismo, por lo tanto, ir pasando por todo el ciclo antes mencionado hasta que seas el empresario bien desarrollado que siempre quisiste ser.

"Aprende de la naturaleza y adáptalo a tu entorno de negocios"

Teoría de los tres ocho

Esta teoría de los tres se basa en: 8 HORAS DE TRABAJO / 8 HORAS DE FAMILIA / 8 HORAS DE SUEÑO. Por lo cual completaría un total de 24 horas que es lo que dura el día.

Cuando empezamos a formar una empresa ya sea desde cero o ya sea una empresa desarrollada siempre tiene que haber un sacrificio de por medio, y en la mayoría de los casos no siempre el sacrificio es material, ni monetario.

El tiempo de un empresario es tan importante como su dinero, sin el tiempo bien ordenado no haríamos absolutamente nada, solamente causaríamos estrés. Existen empresarios que sacrifican algunos de sus 8 horas para poder lograr sus cometidos.

Para lograr algo en el mundo empresarial el tiempo es crucial para determinar qué tan exitoso serás, que tan rápido y eficaz hagas los deberes y resuelvas problemas. Para eso a veces debes sacrificar ya sea horas de tu sueño, o horas de tu familia. Lastimosamente el sacrificio del tiempo familiar es de donde más tiempo agarramos para poder resolver los problemas, y a la hora de llegar a casa es directo a la cama, o seguir trabajando.

Sabemos que los tres ochos son parte crucial del día a día del empresario, pero sacrificar horas en familia por horas de trabajo es un sacrificio que no vale la pena por ninguna suma de dinero.

Las razones son obvias, los familiares mueren, el trabajo nunca muere, siempre podrás conseguir otro trabajo en el momento que desees, pero los momentos en familia son únicos.

"De los tres ochos, nunca gastes el más importante"

Deja de gastar, comienza a invertir.

Conozco muchos emprendedores que dicen: si tomo un poco del dinero que invertiré no pasara nada, tal vez más adelante lo recupere. Error garrafal.

Debemos tener bien claro en mente que el dinero de inversión no se debe de tomar para saciar necesidades tuyas, o de otros solo para causar un placer momentáneo. Cuando fácilmente puede invertir y de las ganancias generar el mismo placer solo que sin necesidad de gastar el dinero de la inversión o de tu empresa.

Cometemos errores cuando creemos que siempre recuperaremos el dinero, pues siempre la perdida de capital está latente a la espera de víctimas que tengan la guardia baja. La pérdida de dinero es tan real como tu existencia y muy complicada.

Invertir en negocios y esperar el resultado para obtener tus placeres materiales es lo mejor que podremos hacer a la hora de empezar en el mundo del emprendimiento. Incluso a mí en lo personal me genera más placer comprarme algo con mi ganancia que con el capital que voy a invertir, y la causa es obvia.

Si gastas el dinero que tienes para desarrollar tu empresa andarás luego pensativo en qué hacer para volver a tener esa cantidad de dinero a tu poder. Cuando puedes invertir, generar ganancias, y comprar lo que te plazca, así estarías evitando estrés y generando el mismo placer.

Debemos saber controlar los impulsos que nos genera el deseo de tener algo material solo por un tiempo determinado, así podrás tener tu empresa en producción y cumpliendo tus deseos.

". La pérdida de dinero es tan real como tu existencia y si no las cuidas, estas se terminan."

La teoría del mango

Una historia contada…Recuerdo que un 12 de enero fui a la casa de un tío el cual tenía una gran mata de mangos y por fortuna mía estaba bien cargada, así que decidí tratar de tumbar algunos para comer. Al empezar a buscar para lanzar algunas rocas o algo, me conseguí un mango que había caído, me imagino que por los vientos que estaban ese día antes de llegar, el mango estaba en muy buen estado solo que algo lastimado y blando. Internamente dije: si no logro tumbar alguno, me como este.

Y así fue, para mi mala suerte ese día no tenía tan buena puntería como los días anteriores, no logre tumbar ni un mango, siquiera pasarles cerca. Así que vi con detalle el que había conseguido y mucho antes de empezar a comerlo, volví a ver al mango y me pregunte: tengo bastante tiempo ya tratando de tumbar alguno, pero ¿y si lanzo este y logro darle alguno? También pensé: ¿y si lo lanzo y no logro tumbar ninguno? Me quedaría sin ningún mango. Lo pensé por lo menos 2 minutos, y sin pensar por mucho más tiempo, mire hacia arriba, apunte a un combo que estaban alrededor de 4 mangos juntos y lance aquel único mango. ¿Y saben qué? Para mi fortuna le di justo en el medio de los 4 mangos que había medido y se vinieron abajo.

En ese momento comprendí las dos lecciones que me había querido dar la vida, una era que no debía pensar demasiado lo que iba hacer si creía que tenía posibilidades de lograrlo, solo debo hacerlo. Y la segunda lección es que muchas veces debemos sacrificar algo bueno y seguro, por algo muchísimo mejor; la mayoría de las veces los resultados son mucho mejor de lo que tienes en la mano.

Si no hubiera aceptado ese reto de lanzar mi único mango, no habría podido obtener los otros que estaban en el árbol que estaban muchísimo mejor del que lance.

¿Entonces? ¿Vale o no vale la pena, sacrificarse para obtener mejores resultados?

"El que no arriesga no gana"

La teoría de los 20 dólares

Otra historia contada: Recuerdo que tenía 20 dólares en mi billetera y los tenía para caso de emergencia poder comprar algo que me permitiera doblar ese dinero. Pues mi meta desde el principio es empezar con una muy baja cantidad de dinero y llegar a ser un buen empresario.

Pasaron los días y los dólares aún seguían en mi billetera, pues no había pensado en nada aun sobre como doblar ese dinero o alguna oportunidad de comprar algo para más adelante venderlo.

Tristemente así fueron pasando los días sin que llegara ninguna buena oportunidad. Ya mi mente estaba empezando a crearse malos momentos negativos por no haberse presentado ninguna oportunidad, y mi ánimo iba en una fuerte picada.

Un día me levanté y decidí acompañar a mi padre a hacer algunas compras para la casa y en el camino entre una conversación me dijo que le faltaban 20 dólares para completar y comprar dos cauchos para el auto. Sin pensarlo mucho capté el por qué y la razón, del porque no se me habían presentados las oportunidades que se me presentaban cuando no tenía dinero, pero cuando los tuve a la mano no se me presento ninguna oportunidad.

Otra lección de vida, sin titubear le dije: yo los tengo, al terminar todo, te doy el dinero. Y efectivamente así fue al terminar las compras, saque el dinero y se los entregue, esa acción me genero una sensación de paz infinita dentro de mí que no podría explicar. Y entendí que el dinero no siempre genera esa sensación de paz que todos creemos que nos da.

En muchos casos es mejor generar felicidad, sea poca o mucha en otras personas, para que tu alma y tu ser se sientan en paz y en tranquilidad. Cuando estemos desarrollando como grandes empresarios, debemos tomar en cuenta que el dinero no lo es todo en la vida, que personas necesitan ayuda y también necesitan oportunidades que se las podemos ofrecer para generar seguridad y confianza en ellos mismos. No dejemos que el dinero controle nuestras vidas, también utiliza el dinero para apoyar, e impulsar ideas que generen felicidad.

"El dinero no siempre hace feliz a una persona"

Prepárate y exige

A lo largo de la vida vamos tomando medidas para ser una persona preparada, pues desde que nacemos estamos aprendiendo; estudiamos alrededor de 20 años metiéndonos en cursos y otras cosas. Existen personas que hasta duran más años preparándose y llegan a una empresa y le pagan sueldo mínimo y lo aceptan. Y yo me pregunto. ¿para qué te preparas tanto? ¿para conformarte con solo un sueldo mínimo? Compañero, si usted es una persona bien preparada que tiene experiencia en trabajos, o así no tenga experiencia pero que este bien preparada. ¿Por qué te conformas con un sueldo mínimo? ¿acaso tu preparación estudiantil de años solo cuesta un sueldo mínimo?

La mayor parte de las personas que no avanzan en la vida son conformistas, se conforman con un solo sueldo con lo poco que recibe, etc.
Un ejemplo corto: usted tiene años trabajando para una prestigiosa empresa, cobrando sueldo mínimo, pero usted tiene un sinfín de cursos y estudios con altas calificaciones y buen rendimiento.
Pero le da miedo pedir aumento por miedo a que le llamen la atención o al jefe le dé un pequeño arranque de locura y lo despida. ¿tu experiencia y estudios no valen?

O ¿es mejor reunir una buena cantidad de dinero y crear tu misma empresa de lo que tú sabes? ¿No serias tú, tú mismo jefe y tendrías tiempo para cualquier cosa? Es algo que nos pone a pensar, a no aguantar más el mal pago o el mal trato de tus jefes.

Tú siempre debes pensar que mereces lo mejor, no solo conformarte con lo poco que te pagan.

Si tu estas bien preparado, exige. Yo me preparé bien, yo merezco lo mejor. Siempre pensar en alto y en positivo, no tenga pena en hablar o expresar su inconformidad. Diga: yo me merezco más que un sueldo mínimo, me merezco un aumento de sueldo. O me merezco ser yo mí mismo jefe, yo me merezco lo mejor de lo mejor. Y así veras como mejora su manera de ver a futuro y de pensar. Pero no solo te conformes con eso, supérate. No pienses estar toda la vida como empleado de alguien. Ábrete, crea tu misma empresa que te genere dinero. Monta tu negocio, trabaja para ti, trabaja para mejorar tu capacidad economía y poder darle o darte una mejor vida a tu familia o a ti mismo.

"Si eres bueno en lo que haces, no dudes en hablar si algo te inconforma, siempre sácale provecho a algo"

No solo pienses en ser un empleado

Como dije en mi tema anterior, pasamos la vida preparándonos para trabajar en una empresa, o para alguien. Y nos quedamos años, o casi que toda nuestra vida hasta llegar al jubilo en esas prestigiosas empresas. Existen millones de personas que han hecho eso, y los respeto. Pero desde mi punto de vista creo que tú debes "EMPLEAR, NO SER UN EMPLEADO" entras a la empresa de tus sueños, trabajas y reúnes dinero durante un periodo de tiempo, y abre tu propia empresa. Disfruta de ser tu quien emplee, disfruta tú de ser tú mismo jefe, que nadie te dará órdenes. ¿Acaso no te suena bueno esto? Estar con tu familia, pasando buenos momentos juntos, mientras que tu cuenta de banco está creciendo. Suena muy bueno, pero no se hará realidad si solo te pasas la vida trabajando para una empresa o persona. Cuando tu deberías de tomar las riendas de la vida y arriesgarte a crear tu empresa. ¿Dime no vale la pena?

Dígase a sí mismo: "no me veo como un empleado para toda la vida, tengo que crear mi empresa y surgir." Supérate, ponte a pensar en ti y en tu familia.

Y lo bien que debe ser estar mucho más tiempo con tu familia y aumentando tu dinero. No es fácil llegar a tener una empresa que te genere dinero al instante, puede llevar semanas, meses, o años. Pero ¿si no empiezas? ¿Cuándo la tendrás?

Recuerda que la vida es un viaje, nadie sabe cuándo el viaje llegue a su destino. Y si trabajas la mayor parte de tu vida en una empresa que te consume totalmente el tiempo, y al llegar a tu casa solo saludes, comas, y te acuestes. Y no tengas tiempo de escuchar a tu esposa o hijos solo porque llegar totalmente cansado, y que debas dormir porque al siguiente día tienes que levantarte temprano para seguir la rutina. Estar así hasta llegar a viejo, tienes el dinero, pero la energía te falta para viajar o hacer alguna actividad con tus hijos. No creo que quieras eso en tu vida. Ahora imagínate esto ¿Qué tal si montas tu empresa y llegas a superar a la empresa en donde trabajabas con tu perseverancia y ganas? ¿Acaso no suena estupendo? suena un poco de personas no cuerdas, ¿sabes qué? Nada en este mundo es imposible si te lo propones con el corazón.

"Nada en este mundo es imposible si te lo propones con el corazón"

Amistades toxicas

A lo largo de la vida nos vamos a encontrar con personas de toda clase; sea buena, mala y regular. Desgraciadamente muchas de las personas que nos rodean nos quieren ver en la ruina y comiendo cable. Estas personas toxicas, que lo único que hacen es opacar nuestro futuro e ideas, solo están para arruinar nuestros planes y poner dudas en nuestras mentes. Este tipo de personas deben ser eliminadas de nuestras vidas si queremos ser exitosas o exitosos.

Conozco personas que han perdido todo, solo por andar con personas que no debían. Pierden su familia, el respeto, dinero y la dignidad.
Este tipo de personas están muy lejos de aportar algo positivo en tu vida, lo mejor que debes hacer es eliminarlas por completo para tener un buen camino despejado de ponzoña.
Las personas toxicas son aquellas que:

- Se quejan de todo.
- Critican lo más mínimo.
- No se ven en su mismo espejo.
- Opinan negativamente de todo.
- No se arriesgan.
- Piensan negativamente.

Si en tu vida tienes personas que tienen esas características, pues amiga/o debes alejarlas de tu vida cuanto antes. Este tipo de personas toxicas solo aportan toxinas que envenenan tu futuro y lo van matando lentamente. No existe mejor animal para compararlo como una serpiente venenosa que está a la espera de una buena presa para inyectarle su veneno.

Las personas toxicas solo te llevan por un camino seguro: "EL CAMINO DEL FRACASO" aléjate de esas personas que:

- Te hicieron daño un tiempo atrás, y quieren volver como si nada hubiera pasado.
- De esas personas que solo te han dado problemas, más malos momentos vividos que buenos.
- De esas personas que no tienen nada que ofrecerte, de lo contrario te quitan.
- De esas personas que solo opinan, o piensan que cada paso que das saldrá mal.
- De esas personas que primero ven el lado negativo.

Este tipo de personas no van de la mano con alguien que quiera superarse, y ser alguien importante en los negocios como tú.

Es difícil ser un león amarrado por una oveja, pero ha pasado y seguirá pasando. Y lo peor de todo es que tú puedes ser una víctima de esas personas toxicas, solo por no sacarlas de tu vida, vamos, haz ese cambio y veras que poco a poco, todo cambiara, tu vida y todo tomara un buen rumbo, y creara un buen futuro firme sin negatividad ni problemas para tu empresa.

El mejor asesor se llama vida

La vida es la mejor universidad del mundo y en la cual podrás tener la oportunidad de estudiar y prepararte. En esta universidad se inscriben todos, nadie se salva de ella y de sus enseñanzas y exámenes. En ella te inscribes sin pagar un centavo, tu no le darás nada a la universidad, de lo contrario, ella te dará todo a ti. Tu solo debes tener la capacidad de aceptar y superar las duras pruebas que ella te ponga en la mesa.

Es la universidad que te va a enseñar más que cualquier otra, te enseñara a:

- Odiar
- Amar
- Apreciar
- Querer
- Olvidar
- Superarte
- Aprender
- Madurar
- Sufrir
- Llorar
- Mentir
- Decir verdades

No todos logran salir victoriosos de ella, incluso existieron personas que han muerto en el intento. Pero los que logran pasar todas sus pruebas son personas triunfadoras que están en la cima de la tranquilidad.

Solamente debemos estar preparados porque las pruebas son repentinas, y no te da ni un minuto para aprenderte algo sobre los problemas que te ponen en la prueba. Todo debe ser improvisado. Tal vez por eso esta universidad es la mejor del mundo, porque si no tienes la capacidad de superar, o aprobar el examen, debes desarrollarla rápidamente o si no morirás en el intento.

La vida te dará algunas pruebas buenas y malas, algunas veces, oportunidades que solo se te pueden presentar una vez en la vida. Cuando todo te parezca que marcha bien, puede que te sorprenda y te ponga algún otro problema en el camino, no te la pondrá tan fácil.

Solo se fuerte y ten siempre la positividad de que vas a superar cada una de las pruebas, así sean duras o suaves. Te aseguro que, si logras superar y aprender de cada prueba, nadie te va a pisotear, serás exitoso en todo momento, serás una persona estable, y capacitada para crear tu empresa o todo lo que se te cruce por la mente.

"Sí en verdad aprendes de esta universidad, serás exitoso en todo su esplendor"

Conoce bien a tus empleados, no todos son de fiar

A lo largo de la vida, conocemos muchas amistades. Algunas amistades a las que le entregas toda tu confianza y otras que simplemente no te dan la seguridad necesaria. Existen amistades que se disfrazan de amigos solo para causarnos daño, y esto se ve mucho en el mundo empresarial. La competencia muchas veces al notar que tu producto o tu idea a futuro es muy buena, pueden hacer lo impensable solo para destruirla. Muchas de esas veces las personas se disfrazan de cordero solo para sacar la información de nuestro éxito, para agregarlas a sus ideas y así hacer competencia.

Aunque este tema suena un poco de paranoicos, pues en las empresas donde se maneja dinero, se puede ver de todo. Recordemos que el dinero no es amigo de nadie, solo del que lo sepa manejar.

Conocer a la persona que entrara nueva en la empresa o tu nuevo socio, es tan importante como lo fue tu idea de dar inicio a tu empresa. Recuerda que en el mundo empresarial el enemigo está al pendiente de cualquier error que des solo para acabar contigo.

¿Por qué es tan importante conocer bien a una persona?

Simple, existen personas que para hacer daño están hechas, y mucho más si le ofrecen dinero, tratan de ganar tu confianza o sacarte ideas solo para que al ver el momento más vulnerable darte la estocada final, y acabar con tu empresa, o vida.

No es solamente hacerle una entrevista, hace falta ver como se desenvuelve en el are de trabajo, que tan activo es, confiarles secretos inventados solo para ver si alguien más de la empresa se entera, y sí, debes ser un poco paranoico con las personas porque nunca sabes lo que son capaces de hacer para verte en la ruina.

La forma en cómo se comporta como actúa habla mucho sobre como es.
Debemos observar:
- Como actúa ante el estrés.
- Analizar las expresiones de su cara.
- Como actúa en momentos de extrema tensión.
- Dejar que pase un tiempo para ver cómo cambia su forma de ser.
- Si es respetuoso y luego cambia.

En fin, existen miles de formas de ver como tu nuevo empleado es de fiar o no lo es, sigue las corazonadas.

Muchas veces cuando duras mucho tiempo realizando algo como tu empresa y te llega una mala espina sobre un nuevo empleado, pues analízalo cuidadosamente, y si tus dudas con confirmadas no dudes en despedirlo. Muchos trabajadores existen en este mundo, pero lastimosamente existen más trabajadores malos, que buenos.

"Muchos trabajadores existen en este mundo, pero lastimosamente existen más trabajadores malos, que buenos"

Sácale lo bueno al lado malo, y lo malo al lado bueno.

- Lo bueno al lado malo: sacarle lo bueno al lado malo es una palabra que siempre utilizo cuando me toca enfrentar una situación de superar algún problema, o cuando un plan no me sale como lo tenía pensado. Sacarle lo bueno al lado malo es lo mejor que podrás hacer para empezar a sentirte bien nuevamente. Es algo alocado pero muy efectivo, es mejor sacarle el mayor aprendizaje que podamos a algo que nos afecte, a solo dejar que el problema nos aplaste y domine completamente.

Cuando le sacas lo bueno al lado malo empiezas a desarrollar en tu mente una especie de coraza protectora capaz de soportar cualquier problema que te ponga la vida por delante. Estar siempre atento a buscar ese lado positivo en los malos momentos para así poder superar el problema un poco más rápido. Ser positivo en esos momentos incomodos también te dará un pequeño empujón a encontrar ese lado provechoso en todo lo negativo. Ser positivo ante las adversidades hará que todo fluya de manera correcta.

"Sacar lo positivo de lo negativo te ayuda a ser más positivo que negativo"

Lo malo al lado bueno: aunque suene de personas no cuerdas, sacarle lo negativo al lado bueno también te podría ayudar a estar preparado. Puede pasar si se llega a repetir una situación que antes ya te había pasado sacándole lo negativo a lo malo podrías estar atento y con posibles soluciones a esos problemas que se podrían aparecer en tu camino, recuerda que la vida es un bumerán y que muchas veces nos vemos en situaciones iguales a las antes pasadas o muy parecidas.

Prepara en tu mente lo que pueda salir mal y no solo le busques el problema, intenta buscarle tantas soluciones que tú mismo digas "está bien" para que estés solo de actuar y no dejar que el problema te arrope.

Sacarle lo malo al lado bueno no es ser negativo, es ser precavido. Como dicen las personas "ser precavido vale por dos"

> *"Sacarle lo malo al lado bueno no es ser negativo, es ser precavido"*

Ama lo que haces

Ama lo que haces, ama tu trabajo, ama tu empresa, tu caminata diaria, tus ejercicios, ama a tu familia, ama todo lo que haces. Ponle corazón y empeño a cada mínima detalle de tu vida, sea en tu empresa o fuera de ella. Cuando cuidamos los detalles lo planeado sale a pedir de boca. Todo se convertirá en una hazaña majestuosa digna de admirar, y de qué hablar. Es muy lindo decirles a las personas "esa empresa la hice yo, y con muchas ganas, lagrimas, esfuerzo y sabiduría la saque adelante".

Si no has empezado amar lo que sea que estés haciendo para generar dinero, sea tu empleo o cualquier otra cosa, vas a perder el interés muy rápidamente en algunos meses. Piensa: "amo lo que hago, aunque no sea así" y mucho más amor debes agarrarle si es lo que le da de comer a tu familia, y te mantiene bajo techo.

Ponle dedicación y esfuerzo a eso que quizás llegaste a obtener por medio de constancia, no te aburras tan rápido de algo que te dio lo que tienes.

Personas han trabajado mucho y han sudado sangre para tener lo que quiere, pero al tener lo que quieren pierden el interés y dejan de hacerlo para que un tiempo después empiecen a pensar: "si no hubiera dejado mi trabajo" no estoy diciendo que mueras trabajando para alguien como empleado, si dejaste tu trabajo para abrirte y emprender, pues en hora buena, muchas felicidades. Pero si no tienes siquiera el plan o las ganas, pues mal error.

Mientras tengas que trabajar para alguien, o para ti mismo dale ese aprecio, dale ese amor a lo que haces con tus manos, pies o con lo que lo tengas que hacer. Eso que debas hacer, siéntete privilegiado de hacerlo, tal vez muchas personas quieran ese trabajo que tienes o hacer eso que estás haciendo. Di por tus adentros: "amo lo que hago porque me da mi pan de cada día, porque me da mi estabilidad mental y económica, porque me da para gozar de buenos momentos en familia y por eso amo esto que estoy haciendo".

Nunca dejes de amar lo que haces o harás, el día que dejes de amar lo que haces, todo se te tornara aburrido, sin sentido y rutinario, y la rutina aburre a las personas. Debes sentirte orgulloso de tener lo que tienes que hacer, de estar en ese lugar, de tener ese trabajo, y de tener esa dicha de estar haciendo dinero. O si lo haces de gratis por hacer un favor igualmente ponle corazón, amor y dedicación para que todo salga bien y vuelvas a decir: "eso lo hice yo" o "yo ayude hacer eso" con todo el orgullo del mundo porque lo hiciste con todo ese amor que se merece.

El mejor arte para no triunfar, es el de pensar mucho

Para nadie es un secreto que pensar demasiado te hace dudar y darles mucha vuelta a tus ideas. Tal vez en algún momento que hemos estado solo y pasando por algún problema nos sentamos y pensamos demasiado y vas deprimiéndote más y sufriendo poco a poco y cada vez más.

Pensar demasiado hace que tal vez nuestros planes se tornen un poco más misterioso, oscuros y lo empecemos a ver como si fuera algo imposible solo por la simple razón de pensar más de lo debido. O pensar sobre como hubiera salido si lo hubieras intentado, o si lo hubiera intentado de otra manera más efectiva que se te vino a la mente, justo después de haber avanzado en tus planes, o porque tal vez hubiera ganado más dinero de una venta, o porque perdiste una buena amistad, o porque perdiste tu trabajo.

Debes tener algo muy en claro en tu vida que ya lo debes de saber, pero me encargare de recordártelo, que TODO PASA POR UN PROPOCITO EN ESTA VIDA.

Es mejor pensar así a pensar demasiado en lo que pudiste haber logrado si hubieras realizado el plan de diferente manera o cualquier cantidad de pensamientos auto destructivos. Esto es simple, si pasa o pasará. que pase, y si pasó y salió mal, sigue adelante.

Pensar demasiado te hace dudar demasiado, pero te aseguro que la mayoría de las dudas no son buenas. Las dudas nos llevan directo al fracaso y a perder muchas cosas buenas que tenemos, por ejemplo:

- Nuestra seguridad: la seguridad en uno mismo es lo más importante que debe tener un ser humano, como te has ganado la seguridad tuya eso no importa, lo importante es mantenerla intacta. Nunca debes perder tu seguridad, y el arte de pensar demasiado te hará sacar dudas que irán comiendo de tu seguridad poco a poco.

- Todo es una cadena: desde que empiezas a pensar, todo se vuelve una cadena que va a llevarte cada vez más a la orilla del abismo.
  - ✓ Pensar demasiado.
  - ✓ Empezar a dudar.
  - ✓ Sentirte mal.
  - ✓ Dudar de tus capacidades.
  - ✓ Pierdes el convencimiento
  - ✓ No querer nunca más afrontar problemas como esos (a veces suele pasar)
  - ✓ Depresión

✓ Perder las ganas.
✓ Perdición total.

Debes estar claro en que, si quieres triunfar en algo que vayas hacer, sea cualquier cosa. No debes tener ese horrible arte de pensar demasiado sobre lo que puede pasar. Debes actuar si estás seguro de lo que harás.

Todos en este mundo pensamos demasiado, porque tenemos la capacidad, obviamente, pero no debes dejar que esa capacidad te abrume con pensamientos negativos en todo lo que hagas. Debes aprender a controlarla, y a sacarla a relucir cuando sea necesariamente correcto, a veces se necesita pensar bastante, pero en la mayoría de los casos no.

"Esto es simple, si pasa o pasará, que pase, y si pasó y salió mal, sigue adelante"

Tu mente es tu peor enemiga

Tú mismo eres tú peor enemigo, tú mismo te pones límites, tú mismo te dices dentro de ti que no podrás o que no te mereces lo que tienes. No digo que todos seamos así, pero en algún momento de nuestras vidas va a pasar por cualquier motivo.

En algún momento de tu vida llegarás a pensar que no eres capaz de realizar algo, porque según tu mente no estas capacitado para lo que harás. Cuando la historia del mundo habla de mujeres y hombres que dejaron su legado en el mundo sin ser estudiados, o capacitados para el área donde estaban.

Tú mismo te destruyes mentalmente pensando demasiado sobre lo que puede pasar o lo que no. Debes saber que el arma más importante del mundo es la mente. La mente ha creado miles de cosas. Curar enfermedades, crear enfermedades, armar, el coche donde andas, la moto, el teléfono, Tablet o la computadora que tienes y mediante el estas leyendo o escuchando este libro. La mente es absolutamente todo, ella controla tu cuerpo y tus impulsos, tus pensamientos y lo que puedes lograr hacer en tu vida, como en tu empresa.

Aprender a controlar tu mente. Como dicen las personas: "si no puedes con el enemigo, únetele y conócelo bien" las personas que han sabido controlar sus mentes y mantenerlas en la línea floja entre el éxito y el fracaso. Han logrado grandes cosas en sus vidas.

"Conoce tu mente y sus límites"

No te rindas por lo que salió mal

Antes que todo debes saber que, en el mundo empresarial, o en el mundo autónomo pasaras por tantos altibajos que te preguntaras ¿hasta cuándo? Si, es muy probable que te sientas en un punto de tu vida que de tanto que te salgan mal las cosas querrás abandonar y dejar todo a la basura. Pero qué tal si ¿esa es la última vez que fracasas? Y ¿después de ese fracaso vienen las bendiciones y oportunidades?

Como dije anteriormente si algo pasa con tu idea, es porque el destino así no lo quiso. Es mejor pensar así que pensar de otra manera más destructiva. ¿Quién dijo que todo es fácil en esta vida? aquel que lo dijo de seguro le han regalado todo y por eso no aprecia lo que tiene. Dios les da las mejores batallas a sus mejores guerreros. Todo lo bueno se suda, se llora y se sufre. Pero cuando se alcanza lo que se quiere, se disfruta y se goza a todo dar.
Imagínate esto: qué tal si te rendiste y nunca más quieres saber algo de empresas o de negocios, y te lanzas al abandono entero solo porque nada te ha salido como quieres. Te deprimes, baja autoestima e incapacitado mentalmente para cualquier actividad.
Dejas todo así y nunca vuelves a retomar el camino de la superación.

Un tiempo después andas pensando. ¿Qué habría pasado si no me hubiera rendido? ¿Qué hubiera pasado si estuviera aun en el intento? ¿Habría alcanzado mis metas? Y todos esos pensamientos empiezan a jugar con tu mente y empiezas a recaer nuevamente en el siclo de la depresión. O prefieres intentarlo una vez más y decir: ¿Qué hubiera pasado si hubiera abandonado? De seguro estaría sin dinero ni oportunidades. Pero no me rendí y ahora estoy en la cima del éxito que quería tener.

Hay personas que prefieren decir; intentar y siempre pensar que algún abriré la puerta del éxito, a estar quejándome por lo que pudiera haber pasado. Prefiero decir: "lo intenté a decir: que hubiera pasado si nunca me hubiera rendido".

Sigue adelante, el mundo empresarial no es fácil. Nunca lo ha sido. Levanta tu cabeza mira hacia el frente, sigue adelante, patea las rocas que estén en tu camino así duela, el dolor te hace más fuerte. Agarra cada problema y velo como una masa de arcilla que puedes moldear, hazla en formas graciosas y ríete de ellas como si el gran problema fuera un buen chiste, que de seguro te ayudará.

Disfruta de la vida empresarial

Disfruta de la vida empresarial, de cada momento vivido dentro y fuera de la empresa, recuerda cada momento que te dejo marcado y aprendiste de esos momentos, sean buenos o malos. Marca tu puesto y respeto dentro de la empresa, no dejes que nadie de opiniones falsas de ti, ni dejes que te afecten. Aunque estamos claros que ni mejorando el mundo nuevamente se eliminaran las lenguas largas.

Vive tu vida empresarial a todo dar, si empezaste desde la nada y ahora lo tienes todo, agradece. Si lo tienes todo desde un principio, pues agradece y ve aprendiendo que los problemas llegarán y tienes que saber afrontarlos. No te detengas por mucho tiempo en un problema en específico, a veces es mejor dejar fluir los problemas hasta que los mismos problemas te den la oportunidad de resolverse.

Tus defectos tienes que irlos arreglando poco a poco, todos en el mundo, tenemos defectos, es cuestión de uno mismo notar en qué lado está el mal defecto, e intentar acomodarlo.

Vive y disfruta tu vida empresarial como es debido, se cómo esos viejitos que trabajaron, montaron sus empresas y se dedicaron a disfrutar no solo de trabajar y trabajar, recuerda que cuando mueres no te llevas absolutamente nada, solo la experiencia y lo vivido. Vive los momentos que quizás quiera vivir el desahuciado que está a punto de morir mientras lees esto, hazlo en su honor. Hazlo ahora, emprende o busca la manera de seguir tus sueños y seguir lo que te dicta el corazón.

"Disfruta mientras puedas, porque lo único seguro es que moriras"

¿Y la felicidad que? No todo es trabajo

¿Vives amargado por cualquier problema? ¿Vives quejándote? ¿Vives sin ver a tus seres queridos solo por dedicarle todo el tiempo al trabajo? ¿Vives haciendo cosas con mal humor y sin ganas de nada? ¿Vivir la vida a mil kilómetros por hora? ¿No haces nada para pasar tiempo con tu familia? Todas esas preguntas se reducen a ¿Y la felicidad qué? ¿Qué haces para vivir una buena vida fuera del área de trabajo? ¿Te lo has ganado? ¿Te has portado bien con tus seres queridos? ¿Le has dedicado tiempo? ¿Acaso tu familia no merece tiempo? ¿O prefieres dárselo todo al trabajo?

Dime: ¿acaso es mejor vivir metido 24/7 en el trabajo a dedicarle al menos unas horas al día a disfrutar o tu familia? ¿Diste las gracias a la persona que te hizo algún favor? ¿Diste los buenos días a tus empleados o clientes? ¿Dime compañero? ¿Te mereces la felicidad que tienes? Si lo has hecho felicidades, mereces la felicidad por completo. Créeme si no lo has hecho vale la pena hacerlo, porque no vale la pena pasar toda la vida dedicado siempre al trabajo. Recuerda que eres un ser humano, no un robot.

Muchas veces nos hacemos preguntas que nos empiezan a hablandar nuestro lado rudo, pues hasta el mas rudo se quiebra cuando no pasa tiempo con su familia, o cuando se da cuenta que ya es muy tarde para recuperar el tiempo perdido con las personas que amas. Creeme, el trabajo es bueno, crear tu empresa es bueno, pero estar demasiado tiempo dentro del are laboral no es lo mejor que puedes hacer.

Intenta buscar la felicidad creando uuna linea imaginaria entre tu trabajo o empresa, y tu familia. Dale tiempos equitativos a cada area y si alguna área se lleva mas tiempo que otra en un dia, pues enmienda el tiempo que perdio un área quitandosela a otra área. En este caso solo hablo de: TRABAJO- FAMILIA. Si el lunes el trabajo se llevo 10 horas y lo normal que le das son 8. Pues a la hora familiar que tambien le das 10 horas le quitaste dos porque dedicaste el lunes a 12 horas de trabajo. Entonces el martes haras lo mismo 8 horas de trabajo, 12 horas de familia. Y el dia miercoles vuelves a las horas estipuladas normalmente que en este ejemplo serian, 10 horas de trabajo, 10 horas de familia. Y así tu felicidad y éxito en el trabajo haran el justo balance de la felicidad.

"La felicidad la encontraras cuando sepas repartir las horas de forma equitativa entre. FAMILIA- TRABAJO"

El respeto se gana no se compra

Existen muchas maneras de ganarse el respeto de tus empleados. Sea dándote tu puesto como jefe, siendo amable, dando buena impresión y demostrando que cumples con tus acciones, llegando a la hora pautada a las reuniones, etc.… En fin, el respeto es una pizca de confianza que tienen las personas hacia sus jefes o amistades. El respeto en la empresa y en la vida es tan importante como tu propia vida. el respeto no se gana fácilmente. El respeto se gana con confianza, perseverancia, amor a lo que te dedicas. Las personas notan a diario tu esfuerzo por realizar tu trabajo y cada día van agarrando más confianza y dándote más respeto. No necesariamente tienes que tratar a las personas como "USTED" "SEÑOR" "SEÑORA" eso no necesariamente, tiene que ser respeto, a veces las personas actúan de manera hipócrita y solo te hacen creer que ellos te dan respeto.

El respeto cuando es ganado se debe tener en un pedestal de cristal, pues para ganarse el respeto de alguien es muy difícil, pero para perderlo es tan fácil. Y tristemente cuando el respeto se pierde y se vuelve a retomar el respeto, nunca pasa a ser lo mismo.

Siempre habrá algo que te dé en que desconfiar o en qué dudar. El respeto en algunas personas puede ser solo un juego, pero en otras puede ser lo más importante, y ese tipo de personas son las que debes de intentar descubrir para tu empresa.

Pero, así como se gana el respeto de las maneras correctas. También existen maneras no correctas de ganársela, y estas maneras son las que debemos evitar. Para nada es un secreto que hay jefes que se sobrepasan de su cargo solo para humillar a los empleados. Son de ese tipo de jefes que todos odian, y que provocan ganas de quebrarles el teclado en la cara. Este tipo de jefes lo que menos hacen es aportar positivad a la empresa en que trabajas. Solo genera odio y rencor, ya sea por obligar a entregar todo antes de tiempo, o porque busca una excusa para llamarle la atención al personal. Como vengo diciendo en este libro, debemos evitar la manera de generar odio y pensamientos negativos dentro de tu empresa. A ese tipo de personas, debes de llamarles la atención o simplemente dejar su cargo a la orden. Lo que menos hacen es aportar cosas positivas a tu empresa. Si tienes a un empleado que actué de esta manera, debes actuar rápido antes que algo pasé, así evitas malos entendidos y negatividad en tu empresa.

Si tú eres uno de estos jefes gruñones que solo regañan y regañan a las personas, amigo, debes recapacitar, ponte en los zapatos de tus empleados y pregúntate ¿Cómo me sentiría yo si mi jefe me obligara y gritara delante de todos? Te daré la respuesta: me sentiría molesto.

Y es muy obvio porque a nadie les gusta que lo traten mal, además que nada obligado, es bueno. No te digo que en algún momento debes montar un tipo de presión sobre algún trabajador que no aumente su capacidad de trabajo, o aquel trabajador que vez que disminuye su trabajo al pasar de los días. Pero debes de saber la manera, y saber las palabras correctas de cómo tratar los puntos débiles que estás viendo en el desempeño diario. Las palabras correctas en el momento correcto pueden transformar a un empleado al mejor trabajador del mes.

Debemos saber que el estrés que causa manejar tu misma empresa o el que te da al momento de empezar de cero con una es gigantesco. Pero debes de irte acostumbrando y debes de saber la manera de como dominar el estrés para que no seas ese jefe odiado y repudiado por todos tus trabajadores. El respeto es lo más importante no solo dentro del área de trabajo si no fuera.

"Las palabras correctas en el momento correcto pueden transformar a un trabajador al mejor trabajador del mes"

Ser jefe, es más que ser solo jefe

Ser jefe de tu empresa es un logro grande para cualquier emprendedor que alcanza su sueño. Cuando empezamos a contratar empleados y nos damos cuenta que nuestro negocio va en crecimiento, debemos recordar que los trabajadores son más que trabajadores. Son tu familia sustituta, y tu familia debe tratarse con respeto.

Cada empleado tiene una vida, algunas vidas suelen ser normales. Y otras suelen ser desastrosas. Sin importar como sea la vida de cada empleado, debes de darle tu mano en los momentos que más lo necesite. Llévalo a tu oficina, o habla con tu empleado si ves que su rendimiento laboral va en caída. No dejes que tus empleados caigan en un barril sin fondo. Muéstrate comprensivo ante los problemas de tu empleado y ofrécele tus consejos o experiencia de vida para que se sienta en familia y puedas ayudarlo a dar ese paso a superar todos los problemas.

Ser jefe no es solamente pagar los sueldos de tus empleados y resolver los grandes problemas.

Ser jefe es apoyar a tus trabajadores de la mejor manera, y demostrando que el nombre de jefe que llevas sobre tus hombros te lo mereces cada segundo de trabajo que pasa.

"Los trabajadores son más que trabajadores. Son tu familia sustituta, y tu familia debe tratarse con respeto"

La importancia de los incentivos

Cada buen trabajador que deje el nombre de tu empresa en alto, y demuestre con el sudor de su frente y con la constancia diaria su amor al trabajo que fue otorgado, debe ser incentivado, para que el trabajador note que su esfuerzo diario ha sido notado.

El incentivo lejos de ser una paga por el buen trabajo, pasa a ser una manera de agradecimiento por la constancia y empeño que pone el trabajador. Los incentivos son un pequeño impulso para cada trabajador, pues el trabajador noto que su trabajo está haciendo efecto y se motiva a trabajar más fuerte cada día.

Existen muchas maneras de cómo darles incentivos a los trabajadores, y muchas maneras de notar como y ¿Por qué? darle el incentivo a dicho trabajador.
Los incentivos pueden ser dados de diversas maneras puede ser mediante:

- Dinero.
- Viajes.
- Días libres.
- Becas
- Ofrecer cursos.

En fin, existen diversas maneras de dar incentivos a los trabajadores que se lo merecen, está en ti escoger la mejor manera de cómo darla.

Para crear formas de cómo darse cuenta de cuanto rinde el trabajador en su área de trabajo se debe de crear métodos de cómo obtener la información necesaria para que esa persona sea incentivada:

- Llevando registro.
- Mediante cámaras de seguridad.
- Si trabaja horas extras.
- Si ayuda en otras áreas.
- Su desempeño.

Y muchas maneras más existen de cómo dar un incentivo o de como notar que dicho trabajador se merezca el incentivo.

Sin duda alguna los incentivos hacen que el trabajador se sienta apreciado y empiece a mejorar cada vez más su trabajo. Los incentivos ayudarán a que el empleado busque la forma de cómo ganarse el título del empleado del mes. Y cuando ese trabajador de muestre con su trabajo que se lo merece se debe dar dicho incentivo.

"Cada incentivo debe ser ganado con la constancia"

La importancia de la capacitación

La capacitación de personal es una de las bases de una empresa. La información que debe saber el personal sobre cada artículo que se tenga disponible debe ser óptima y debe ser mostrada al comprador con mucha seguridad, para que el comprador se sienta convencido de que debe comprar dicho artículo. El comprador de cualquier articulo puede tener una curiosidad sobre el artículo que él quiere comprar, o simplemente te pide una opinión sobre que marca debe comprar entre la que está en tu trabajo, o tu empresa. O si él debe comprar el artículo de otra marca que está en la empresa que te hace competencia. Y debes tener una buena respuesta creíble, que debe ser explicada con seguridad para no perder esa posible venta.

La capacitación de tu personal puede ser la diferencia entre: ganar dinero y prestigio a no tener compradores y ser una de las demás tiendas.

Otra historia contada: Recuerdo una vez, fui a comprar una lata de pintura para el enrejado de la casa, y había unas marcas diferentes a las que siempre me acostumbraba a comprar. Al momento que vi las nuevas marcas disponibles, se me acerca un empleado del negocio doné la fui a comprar y me dice: a la orden joven en que puedo ayudarlo. Yo le pregunte: ¿Qué diferencia existe entre estas marcas que nunca había visto, a la que siempre me llevo que es esta (¿le señale con el dedo?) y pude notar al instante como su cara cambio y solo se puso a reír y me dijo: lo siento joven, no sabría responderle eso, pero si se siente cómodo comprando la que siempre ha comprado me parece buena elección. Lo más curioso de todo es que la marca nueva costaba muchísimo más de lo que costaba la marca de pintura que siempre solía comprar, y simplemente quería saber la diferencia entre ¿porque la marca que siempre compraba era más barata que la nueva? Me imagino que la marca nueva debe tener otros componentes que hagan notar más el color o la durabilidad. Pero el vendedor no me supo explicar así que agarre la misma marca que llevaba años comprando que la otra que era muchísimo más cara.

¿Notas la diferencia del porqué es importante estar capacitado? Si el chico me hubiera dicho por qué una era mejor que la otra, yo hubiera comprado la que tenía mejor valor porque no me iba a importar pagar mucho más por algo de mejor calidad.

Las empresas cuando compran artículos nuevos que no están muy reconocidos en el mercado, corren el riesgo de que los artículos comprados no se vendan rápidamente, o se queden por mucho tiempo sin vender, y tengan que rematar los precios solo para salir de ellos.

La capacitación del personal de trabajo puede ayudarte a calmar las dudas del comprador, y puede aportarte ventas más rápidas. Pero para eso debes invertir dinero que al tiempo será devuelto con mejor personal, capacitado para vender cada artículo que tienes en exhibición al potencial comprador.

En muchas empresas que he tenido la dicha de ver como son construidas desde cero, he notado la diferencia entre un personal capacitado, y uno no capacitado. Y como marca la diferencia entre un antes y un después.

Había una pequeña tasca de un amigo cercano de un tío, que al principio era una de las mejores de la ciudad. Era una tasca para personas con bastante edad, se ponía música de los 80, y el ambiente era bastante bueno. La atención al cliente era óptima, en realidad yo le daba unos 100 puntos de 10. Era algo tan bien atendido que muchos de los que más frecuentaban decían estas palabras: yo me vengo para acá porque la atención es buena, me hacen pagar con gusto lo que consumo.

Muchos de los comentarios eran positivos, y notabas por qué vivía totalmente lleno cada vez que la tasca estaba abierta.

El servicio era algo que: antes que se acabara la cerveza o cualquier otra bebida, el mesero llegaba y hacia sus preguntas: ¿quiere otra, señor? Al cliente responderle, ellos anotaban, daban sus: con gusto ya se la traigo. Iban rápidamente y en menos de lo que cantaba un gallo ya tenía lo que había pedido en la mesa. El mesero recibía sus buenas propinas, los clientes no daban quejas de nada, y solamente gastaban y gastaban en lo que fuera porque el lugar era excelente.

Luego de un largo tiempo siendo uno de los mejores sitios nocturnos de la ciudad, el dueño vendió el local y el nuevo dueño contrato nuevos empleados. En cuestión de unos 5 meses paso a ser uno de los peores lugares para pasar una noche agradable. ¿La razón? Simple. Cuando se te acababa la bebida te tenías que parar a pedir, y esperar unos cuantos minutos para que te atendiera. La atención era pésima, y el trato a los clientes era aún peor. Entre trabajadores se decían malas palabras y hasta incluso llegue a presenciar una pequeña pelea entre dos meseros. Luego de presenciar tan mal momento en un sitio nocturno donde te vas a relajar de todo el estrés. Me levanté, pagué lo que tenía que pagar, y me dirigí a otro lugar. Y así como yo varios se vinieron detrás de mí, me imagino que por la misma razón.

Cada trabajador debe tener una capacitación para su área de trabajo que fue asignada, ya que puede ser un pequeño agujero por donde se te esté escapando pequeñas cantidades de dinero, que al año notas la diferencia solo por no tener un personal capacitado. Asegúrate que tu personal tenga la mayor información sobre el producto que vendes. Y la mejor capacitación para mantener a los clientes satisfechos.

"Estar o no estar capacitado, puede ser la diferencia entre: ser exitoso o quedar en la quiebra."

No eres una monedita de oro

En el mundo empresarial no le vas a caer muy bien a otras personas, pues existen muchos envidiosos que solamente querrán hacerte quebrar por la simple razón de que estas teniendo éxito. Y muchísimo más si tu competencia nota que lo estas superando, o le llevas la delantera por mucho.

Es obvio que tenemos que hacer muchísimas amistades buenas que nos puedan aportar ideas o contactos con otras empresas que puedan darnos un margen más de ganancia. Pero esas amistades deben ser correspondidas; uno al otro debe darse respeto y tener palabra de cumplimiento. No es obligatorio caerle bien a todo el mundo, pero en el mundo muchos prefieren ser tus enemigos y no tus amigos.

Un amigo me decía: no eres monedita de oro para caerle bien a todo el mundo. El que quiera su amistad, désela. Pero tienes que tener cuidado, porque muchos son serpientes disfrazadas de ovejas.
En esas palabras existen tanta verdad y razón. No siempre caerás bien en un entorno de personas. Muchas veces pueden ser por la forma en como das tu discurso, o en la forma relajada en que actúas, como hablas, o como te expresas.

Y mucho más ahora que muchas personas se ofenden por algo insignificante. Mientras. más rápido se ofenda una persona más peligrosa puede ser, porque no sabes con que te puede salir, cuando de tu boca solo han salido palabras normales.

Tu solo intenta de no hacerte amistad con alguien de esa calaña. Aléjate a mil kilómetros de distancia de esa persona que te odia sin siquiera conocerte bien. O de esa persona que te mando a decir con otra que no le caes bien sin razón alguna. Ese tipo de personas no tienen nada bueno que aportar a tu mundo. Y es que, es obvio que tendremos enemigos en cualquier lado. Unos que harán la tarea de que sepas que eres su enemigo, y otros que siquiera tendrán las canicas bien puestas para hacértelo saber. Pero es que ¿acaso eres una moneda de oro para caerle bien a todo el mundo? Pues no. Simplemente eres un ser humano que quiere superarse, y que va por la vida haciendo enemigos sin intención alguna. Pero no debes prestar atención a ese tipo de personas poco cuerdas. Tu solo sigue adelante y mientras menos tiempo le dediques a ese tipo de personas que solo hablan por hablar mucho mejor.

Al contrario de ser algo malo, es algo muy bueno porque, te das de cuenta que estas teniendo tanto éxito que las personas toman tiempo de su valioso tiempo solo para prestarte atención. Eso para mí sería un logro conseguido del cual me sentiría muy orgulloso.

El tiempo que se va no regresa jamás, y que las personas dediquen tiempo para notar mi éxito y criticarlo, intentando buscar una manera errónea de mis actos es un orgullo.

"no siempre harás amigos"

Cualidades necesarias para ser un buen emprendedor

Una de las principales cualidades que debe tener un emprendedor, son sus ideas. Pues mientras más loca suene la idea mejor lo es. Muchas personas que han alcanzado el éxito han empezado con ideas que al contarlas a otras personas solo respondieron: "ESTAS LOCO" y al pasar del tiempo la idea del loco resulto ser una idea que lo llevo a tener el éxito que quería.

La inspiración de un emprendedor siempre debe estar vigente en cada idea que se le plantee en la mente, sea antes de empezar a emprender o después del emprendimiento. De manera de que se le pueda sacar el máximo provecho a cada idea que se llegue a tener. La positividad que tenga hará la brecha entre ser o no ser. Ya que si eres un buen pensador con ideas muy locas es muy probable que triunfes en la vida.

Cada idea se le debe dedicar tiempo, dedicación, análisis, constancia, y muchas ganas para que la idea surja y pueda tener un excelente potencial del cual puedas sacarle todo el provecho posible.

Reúne opiniones de personas tan locas y con ganas de emprender que tú. Recauda lo malo, lo bueno y las potenciales ideas que te pueden dar y que puedes adaptar a tu idea original.

Además de tener ideas locas, mientras más sepas sobre cualquier trabajo o tema es mucho mejor. Desde mi punto de vista los empresarios con trayectoria o que apenas empiezan deben tienen un buen conocimiento de varios temas. Ejemplo: si tu idea inicial es de empezar una empresa de ventas de pescado, lúcrate leyendo todo sobre el pescado que vendes. Cual carne es de mejor calidad, como lo pescan, que clase de red o anzuelos usan para pescarlo, en que tiempo empieza la temporada. Aprende todo lo posible sobre tus productos, eso aparte de dejarte bien parado delante algún cliente o sobre algún empresario que tenga un negocio similar al tuyo, tendrás un fuerte conocimiento de tus artículos, el cual te permite desarrollar ideas mucho más claras, y con más posibilidades.

Aprende lo más que puedas, y no dudes de tus ideas alocadas"

Inspire a sus trabajadores

Los empleados además de ser el corazón de tu empresa, también tienen derechos a ser motivados, e inspirados a crear sus empresas propias. Muchas de las empresas prefieren dejar a sus empleados como simples empleados por años, hasta que ya no se le puede sacar provecho a la humanidad del empleado. Creo que ese es un error garrafal para las empresas de hoy en día. Si nosotros como empresarios gastamos grandes cantidades de dinero capacitando personas para tener al mejor personal, ¿Por qué dejarlo para siempre como empleados? Pensemos un poco. Una persona que trabaje contigo desde los 18 años, y pase el tiempo y cumpla 28 años. Son diez años trabajando contigo e invirtiendo dinero en esa persona para que sea lo más capacitadas posibles. ¿Qué crees que sería mejor? ¿Dejarla como simple empleados? O ¿inspirarla a que empiece un emprendimiento? Del cual tú podrías lucrarte más adelante. Ese empleado tiene la capacidad suficiente, y la experiencia como para empezar una nueva empresa, en la que incluso tu podrías ser un socio y ayudar a que surja como empresa, y tengas un capital extra.

Las inyecciones de dinero a buenas ideas no se dan muy a menudo. Y tristemente muchas de las personas que no tienen la capacidad financiera, ni la capacidad práctica, ni la de tener oportunidad de préstamo o inyección de dinero, son las que tienen mejores ideas.

Ideas que podrían hacer una gran brecha entre una empresa común, a una empresa top. A esto me refiero a inspirar a tus trabajadores, a esos trabajadores que demuestren que merecen ser empujados al éxito, aquellos que tengan excelentes ideas, aquellos que te ayudan con ideas o comentarios en momentos buenos o malos para mejorar o arreglar los problemas.

Puedes tomar provecho de esos trabajadores que marcan la diferencia en sus respectivas áreas de trabajo. Es obvio que no vas a tomar cualquier trabajador y darle 500 mil dólares solo para que monte una empresa. Debes notar si esa persona cumple con los requisitos del buen emprendedor, que tanto potencial tiene desarrollado y cuánto podría desarrollar con las futuras experiencias que obtendrá y que tú le puedas aportar. Debes cuidar a esa persona en la cual confíes tu dinero llevándola por el buen camino, enseñándole cada triquiñuela que sepas sobre ¿cómo? Y ¿por qué? Hacerlo de una manera o de otra, cual podría tener resultados mejores que otras ideas.

En fin, esa persona que escojas debes llevarla por un muy buen camino, que sienta que está pisando suelo firme con tus consejos y guías que le darás. No es una muy excelente idea confiar dinero en alguien y dejar que se hunda desde un principio en todos los problemas agobiantes que tiene el mundo empresarial autónomo. No todo el mundo es capaz de aceptar ese reto y seguirlo para toda la vida.

No es fácil tener una gran suma de dinero a tu disposición, y no saber en que invertirla. No es fácil tener soportar todos los problemas que tendrás sin ningún apoyo, no todos lo soporta. El miedo a gastar el dinero en algo que no de provecho.

Estar siempre nerviosa por tener pensamientos de "NO PUEDO". Entre otras muchas cosas más que te presionaran a tal punto que querrás tirar la toalla teniendo la oportunidad financiera en tus manos y la ayuda solo por miedo a que todo fracase.

En ese justo momento debes entrar tú y apoyar con todos los hierros a tu futuro socio, dándole todo lo necesario para que siga adelante. Plantéales visiones a futuros con buena pinta si todo sale bien, muéstrale lo que puede salir mal, pero dales sus soluciones y consejos de no tener miedo. Dale tu confianza y guía a esa persona al emprendimiento, tal vez esa persona tenga mucho más éxito que tú, y tu seas su socio mayoritario solo porque lo motivaste a crear y surgir.

Muchas veces las personas que tienen la capacidad de hacer una línea de diferencia en el mundo, son opacadas por faltas de oportunidades. Por lo tanto, esas ideas de gran potencial solo se quedan en ideas e ideas, y nunca pasa a ser una idea desarrollada, con detalles, motivaciones, detalles y constancia, solo por no tener la oportunidad.

"Inspira a las personas que tu creas que tengan la capacidad. Y ayúdalas a ser una emprendedora exitosa"

Presiona el botón de "EMPEZAR" de tu cerebro

Un sinfín de personas alrededor del mundo está destinado y amarrado a una rutina diaria que con el pasar del tiempo se vuelven aburridas y desesperantes, pero no pueden salir de esa rutina porque ya se acostumbraron al día a día de lo mismo. Cuando tienen la solución de sus rutinas aburridas en su mismo cuerpo.

La mente humana ha sido capaz de logran grandes cosas en el mundo, todas las maravillas del mundo, la luz, las ruedas, los motores, tecnología, y millones de ideas que empezaron como una simple "IDEA". El cerebro humano es el arma más poderosa de todas, en todas las mentes del mundo se encuentran, secretos, rutinas, odio, amor y todo lo que un ser humano puede sentir. Muchas veces escogemos una manera de explotar nuestras ideas, sea por causa de una ruptura amorosa, odio, o por amor. Lo importante es empezar a explotar tu capacidad cerebral para sacarle mejor provecho a cualquier idea desarrollada o que apenas estas empezando a desarrollas.

Empieza a sacar ideas de donde sea posible, anota o memoriza las ideas con mayor potencial, y a cada idea le vas desarrollando más ideas pequeñas que veas que le puede ser de gran ayuda a tu idea principal. Podrías usar una especie de mapa de ideas donde vayas anotando cada idea con potencial y vayas haciendo pequeñas señalaciones hacia debajo de segundas y terceras ideas. Ejemplo:

- EMPRESA DE VENTA DE HOT DOGS: a esta empresa podría agregarle…
    - ✓ Bebidas gratis si compran dos hot dogs grandes.
    - ✓ Una salsa especial.
    - ✓ Más contorno.
    - ✓ Si compras más de tres hot dogs grandes el cuarto te sale gratis.

Y así vas anotando las ideas y vas eliminando la que no te guste. Así cuando veas con detalle todo el mapa de ideas veras que tienes una muy buena base de cómo podría ser tu negocio de venta de hot dogs.

Cuando pulsamos el botón de empezar a crear en nuestra mente, nunca dejaras de imaginarte ideas, con potenciales capacidades de generar dinero.

Solo que no debes dejarte llevar con tantas ideas porque podría ser una buena manera de despilfarrar dinero.

Sigue estos pasos:

- Crea el mapa de ideas con tantas ideas puedas.
- A cada idea créale pequeñas raíces, de ideas que podrían agregar a la idea inicial.
- Luego analiza sus pros y contras tanto de tu idea inicial, como de las pequeñas ideas que podrían ayudar a tu idea inicial.
- Luego de tener todas las ideas de potenciales empresas, ve eliminando la que menos te parezca capaz de ser exitosa.
- Si puedes agregar más ideas a las ideas que van quedando que más te llame la atención, agrégala.
- Al ver que ya tienes la idea que más te agrade. Analízala nuevamente y estúdiala con detalle.
- Luego de tener un mapa claro de lo que quieres hacer, solo es cuestión que lo pongas en práctica y lo vayas desarrollando con inteligencia y eficacia.

Sin duda alguna, llegas a conseguir presionar el botón de empezar en tu cabeza, debes aprovechar cada idea que salga de ella. Tal vez esa idea puede cambiar al mundo, el mundo de miles de personas, y tu mundo.

"Presiona el botón y no lo dejes de presionar"

Ponte como meta: Dejar una marca en el universo

11Muchas personas cada vez que empiezan a realizar sus sueños se ponen metas, y al llegar a esas metas se ponen otras mucho más difíciles. Pues esas personas que siempre se están poniendo metas, y metas. Podrían llegar a tocar el cielo sin necesidad de ponerse de puntillas de los pies.

Tú como empresario autónomo, con ese ánimo que tienes de salir y comerte al mundo como un tiburón hambriento, generar millones de billetes, tener todos los lujos y demás. Debes ponerte una meta tan gigantesca que tú mismo te digas: "ESTOY LOCO". Y si amiga o amigo, debemos tener nuestra mira apuntando siempre hacia lo más alto, hacia lo imposible. Debemos ponernos como metas dejar una marca en el mundo. Dejar una idea que ha sido desarrollada y moldeada gracias a los errores cometidos, pero de los cuales se aprendieron. Una idea en las que las personas se enfrasque a discutir y sea inspiradora.

Una idea que cambie el ver de las personas de otra manera, una idea tan perfecta que todos digan: "LLEGAR HASTA ALLA DEBIO SER UNA LOCURA". Una idea de ese tamaño debemos tener para llegar a ser una marca en el mundo.

Dejar esa huella que muy pocas personas tienen la dicha de ponerlas. Inspírate de lo más mínimo y lleva esa inspiración a crear esa idea que deje tu nombre en alto y el de tu país. Sin inspiración no existe la perfección, sin innovación no existe el éxito fijo, solo el momentáneo.

Debemos tener en nuestra vida propósitos imposibles, para decir al momento que los alcancemos: "yo nunca me rendí, me caí, me levante, y seguí adelante" pero es que sin ideas imposibles el mundo no fuera el mundo ingenioso que es hoy. Que hubiera sido del hombre que invento el avión si solo su idea se hubiera quedado en idea. No hubiera tenido la dicha de lograr lo que la aviación es hoy en día. El mundo fuera diferente si la aviación no hubiera sido desarrollada. Ese hombre se propuso una meta, trabajo con constancia, innovando y logro lo que hoy en día es uno de los medios más seguros de viajar del mundo.

Si no nos proponemos ideas imposibles, tal vez nunca tengamos la dicha de lograr algo extraordinario en nuestras vidas. Cada ser humano tiene la capacidad de crear una idea de dejar una marca en el mundo, es cuestión de dedicarle el tiempo necesario para ser desarrollado y llevado a cabo como es debido.

Un sinfín de personas quiere millones de dólares, pero se despiertan a las 10 de la mañana. Miles de personas quieren un trabajo, pero no se ponen a buscarlo.

Ten en cuenta que tú, solamente tú tienes la capacidad de lograr un gran logro en tu vida de la cual te sientas siempre agradecido contigo mismo. Tú eres el que tiene que empezar a alumbrar tu mente, nadie la vendrá a despertar por ti, tus eres quien tiene el control de tu mente. Tú eres quien debe tener las metas en alto, aunque pienses en irlas obteniendo poco a poco, paso a paso. Lo más importante es que de una vez por todas pongas tus ideas extraordinarias en desarrollo y la desarrolles a tal punto que dejes una marca en el mundo de las personas que consumen tu producto. No desmayes antes los errores, aprende de ellos, que para llegar a dejar una marca en la historia debe transcurrir mucho tiempo, tiempo que te tomaras para tener siempre tus ideas claras e intentar desarrollarlas al máximo, hasta lograr la meta.

"Tenemos que creernos capaces, porque si no ¿Quién más lo hará por nosotros?"

Emprendimiento para medios y bajos recursos

Existe en el mundo tres tipos de clases según lo estipulado: El alta, la media, y baja. En el mundo si ponemos una balanza gigantesca y pesamos cada una de las personas según su estatus económico, la clase media le ganaría a la clase alta por mucho. Pero si ponemos la clase baja y la pesamos con la clase alta, el lado de la clase baja alzara sin ningún tipo de esfuerzo la balanza, llevándose la victoria por cantidades inimaginables. Pues para nadie es un secreto que en el mundo solamente un 20 o 30% es de clase alta, y un 70 o más la clase baja y media.

Las personas con bastante sumas de dinero en sus cuentas de banco buscaran un lugar que los identifique, sea un hotel de lujo, un restaurant de lujo, coches de lujo, entre otras cosas más. Tal vez algún que otro millonario le venga igual si el lugar que visite es de alta o baja categoría. Las personas de la alta categoría no le importan en lo más mínimo pagar 1000, o 2000 dólares por un plato de comida en un lugar de alta categoría, cuando pueden cruzar la calle y conseguir el mismo plato a solo 100$. ¿A que me refiero con esto? A que debemos aprovechar por los momentos que la balanza se inclina por mucho al lado de la clase media y baja.

Si creamos una empresa que se dedique en específico a la clase media y baja tendríamos más posibilidades de ser exitosos, por la gran diferencia de personas que hay entre ambas clases. Cuando nos enfocamos en una empresa que maneja tantas personas lo más recomendable seria intentar detener ganancias al mínimo para que tu empresa se haga a conocer por sus precios accesibles y la buena calidad que ofrece. Por ejemplo: Tienes una empresa que se enfoca principalmente en la gran cantidad de personas que tiene las clases media y baja. Tu empresa se enfoca en la venta de hamburguesas.

Cada hamburguesa que preparas te cuesta alrededor de 3 dólares, Poniéndole todo el relleno que pueda tener una hamburguesa. Al tener tu precio estipulado del valor de cada hamburguesa, lo legal para mi seria sacar un 30 por ciento de ganancia por cada hamburguesa que sería un total de 6 dólares cada hamburguesa, poniéndole el costo de todo lo que la compone y la ganancia que deberías de ganarle por la venta de cada hamburguesa. Si haces eso de esta manera te asemejarías muchísimo a una empresa neutral que no busca beneficiarse de ningún tipo de categorías.

Pero si trabajas al mínimo de ganancias, y ofreces una hamburguesa que valga la pena pagar por su sabor y placer que causa al comerse. ¿a qué empresa de comida rápida crees que correrán las personas?

Si ofreces una hamburguesa del mismo sabor o mejor que las empresas de comida rápida común, tu empresa de hamburguesas serán un gran éxito al poner la hamburguesa a un valor mucho más bajo que el de tu competencia. Me refiero a que, si lo normal el valor de tu hamburguesa es de 6 dólares con todo incluido más tu ganancia, bajarla de precio y trabajar tu al mínimo poniéndola a unos 4 o 5 dólares o un punto intermedio entre esos dos posibles precios sería una gran jugada.

Hablemos de números:
- ✓ Si tu empresa vende alrededor de 300 hamburguesas diarias al costo de 4,50 dólares, sería un total de 1350 dólares.
- ✓ Que al sacar el valor de la hamburguesa por crearla seria: de 900 dólares.
- ✓ La ganancia neta seria de: 450 dólares por día.
- ✓ En un total de un día de ventas.
- ✓ Tu competencia vende la misma hamburguesa que tú vendes en 6 dólares, poniéndole el valor de los ingredientes y de la ganancia (30%).
- ✓ Vende un total de 200 hamburguesas por día.
- ✓ El costo de hacerlas seria el mismo que tu monto: 1350 dólares ya que tienen los mismos ingredientes.
- ✓ La venden a 6 dólares que sería: 1200 dólares por día.
- ✓ Si sacamos el valor de los ingredientes por hamburguesas serian: 600 dólares.

✓ Dejaría una ganancia neta de: 600 dólares por día.

Ahora bien. Es obvio que el que vendió la hamburguesa a un valor de 6 dólares tendrá una mayor ganancia que aquel que la vendió a 4,50. Pero la diferencia no es la brecha de ganancia, si no la cantidad de producto que se vende por día.

La empresa que vendió 300 hamburguesas por día a 4,50. Hizo un total de:

- ✓ 300 hamburguesas por 30 días, serian un total de 9000 hamburguesas.
- ✓ 9000 hamburguesas por 4,50 dólares. que es el valor completo de todo lo compuesto por la hamburguesa más tu ganancia seria: 40.500 dólares.
- ✓ El costo de los ingredientes seria de: 27.000 dólares.
- ✓ Tu ganancia total seria de: 13.500 dólares.

Tu competencia vendió:

- ✓ 200 hamburguesas por día, por 30 días serian: 6000 hamburguesas.
- ✓ 6000 hamburguesas por 6 dólares, que es el valor de tus ingredientes y de tu ganancia seria: 36.000 dólares.
- ✓ El costo de los ingredientes es de: 18.000 dólares.
- ✓ Tu ganancia total seria de: 18.000 dólares

La diferencia aquí no es la ganancia, la brecha es la cantidad de hamburguesas que puedes vender por mes. La empresa que vendía la hamburguesa a 4,50.

Vendió 3000 hamburguesas más por mes que aquella que vendía la misma hamburguesa por 6 dólares.

Desde mi punto de vista es mucho mejor vender cantidad de producto que recibir más ganancia. Pues la movilidad que le das a tu empresa será cada día muchísimo más grande.

La cantidad de clientes se irá aumentando cada día más. por lo tanto, sería más ventas y más ganancia por mes.

Mientras más ventas logres por día mucho mejor será tu ganancia por mes, es un plan a futuro. Ahora imagínate que, en cuestión de un mes, tus ventas por día aumenten exponencialmente a unas 600 hamburguesas por día.

- ✓ 600 hamburguesas por día, por 30 días serian: 18000 por mes.
- ✓ 18.000 hamburguesas por mes con el valor de los ingredientes que lleva más las ganancias serian un total de: 81.000 dólares por mes.
- ✓ El costo de los ingredientes seria: 54000 dólares.
- ✓ Tu ganancia neta seria: 27000 dólares de ganancia neta.

Mientras tu aumentas tus ganancias por día por el bajo costo de tu hamburguesa, tu competencia se estanca cada vez más por solo querer ganar más. Estos planes a futuro son muy buenos y los recomiendo.

Basarse en el mercado de personas con bajos recursos podría ser la diferencia entre, tener mucho dinero rápidamente y hacer de tu empresa un imperio millonario y respetado, a tener una empresa que aún no allá la posibilidad de alzar el vuelo y se queda estancada solo por no bajar unos ceros del valor de tu producto.

Los pequeños detalles dentro de una empresa que apenas va empezando marcan mucho la diferencia. A veces es mejor tener una ganancia mínima y asegurar el futuro de tu empresa a la vuelta de unos meses o años. A querer ganar millones en cuestión de meses. Prefiero mil veces asegurar mi futuro y tener los millones que quiero en cuestión de unos años, a perder la posibilidad de tener algo de dinero rápidamente, pero a futuro tu empresa se verá en malos momentos financieros.

Así de esta manera empezó la empresa de sándwich Subway, y hoy en día todos sabemos que tan grande es esta empresa, capaz de hacer millones y más millones de dólares por año.

De esta manera la empresa paso a ser una empresa que ofrecía sándwich a personas de bajos recursos, a ser una empresa capaz de vender a diferentes tipos de precios, para todos los estatus económicos creados por las personas.

No todas las veces es necesario tener todas las ganancias posibles, dependiendo de qué tipo de negocio estemos hablando.

Si eres dueño de una empresa que vende comida, partes de autos, etc.… es una muy buena técnica para aplicar. Pero si eres un intermediario de venta de la cual te ganaras un porcentaje de venta si sería una buena idea obtener todas las ganancias que sea posible. Solo es necesario saber en qué momento debes aplicar o no aplicar dicha técnica.

"A veces no es necesario tener grandes ganancias"

¿Dinero, dinero e ideas? O ¿Ideas, ideas y dinero?

Si eres de ese tipo de empresarios que mientras más dinero va obteniendo, las ideas se le van borrando de la mente, solo porque se hacen la idea de que ya tienen dinero y no necesitas más ideas. Pues te equivocas. En algún momento el dinero de ira tan rápido como vino, y si no estas preparado para tener ideas que te mantengas a flote te hundirás con todo y barco.

Mientras estés cegado por el dinero y no desarrolles ideas que mantengan tu empresa en lo más alto o subiendo de nivel estaremos en problemas. Mientras no nos dejemos llevar por el dinero y nos mantengamos invirtiendo y creando ideas innovadoras podremos seguir generando dinero.

Alrededor del mundo, grandes empresarios se han dejado llevar por el dinero completamente.

Estos empresarios terminaron en la ruina total ya que dejaron de desarrollar ideas y dejaron atrás su motivación e innovación, y como todo fueron dejados atrás por las ideas que fueron creando y desarrollando sus competencias.

Siempre es bueno mantenernos a la par, o crear ideas que nos dejen siempre encima de la competencia para así siempre poder tener la disponibilidad de dinero para cualquier negocio potencial en la cual podrías invertir.

Lo mejor que se puede hacer con las ideas que tenemos en mente es llevarlas a la realidad si se tiene la posibilidad, intentar dejar esa idea en lo más alto posible para poder tener beneficios buenos de esas ideas desarrolladas.

Muchas veces también es bueno pensar: dinero, dinero e ideas. Pero esto si lo vemos desde el punto de vista de planes a futuro. ¿a qué me refiero? Me refiero a que si tienes una pequeña empresa y tienes una idea magistral que estás seguro que si se da te dará una gran cantidad de ganancia, en este caso si es una muy buena idea pensar: dinero, dinero, e ideas. Porque en este punto estarías ahorrando para llevar a cabo una gran idea que podría convertirse en una empresa gigantesca, capaz de emplear a miles de personas, y capaz de ingresar millones de dólares. Pero solo en este caso es bueno pensar de esa manera.

Si pensamos de la manera incorrecta podríamos despegar como un avión supersónico, pero mientras más alto vas, no estarás pensando en que la caída será fuerte si no te controlas. Así como de rápido subes, así de rápido puedes caer. Sería como un cóndor cuando se tira en picada y rápidamente a su carnada.

Sinceramente creo que mantener la cordura y los pies sobre la tierra cuando tengamos la posibilidad de generar mucho dinero será la mejor opción, y sería capaz de decir que podría ser la mejor clave del éxito para ese momento es especifico.

Perseguir el dinero es una muy buena idea motivadora e inspiradora, pero cuando se deja de perseguir el dinero para solo vivir del dinero, pasa a ser un error garrafal tanto para la vida de un empresario, como para el día a día de una persona común. El dinero es muy difícil de conseguir, y muchas veces te genera enemigos muy peligrosos, pero nada es más peligroso que dejarse dominar por el dinero, y solo tener en mente la palabra "DINERO" si llegas a este punto de tu vida, debes reivindicarte y volver a tomar el camino correcto, de lo contrario podrías estar a un paso de la locura.

"Mantén siempre tu mente con ideas para hacer dinero, no dinero para desarrollar ideas"

La pasión, el combustible de los soñadores

La pasión por lo que sabemos, por lo que hacemos, y por lo que tenemos que hacer. Será el combustible para poder alcanzar cada meta que nos propongamos. Pues sin pasión no hay éxito, así de simple. Cada ser humano tiene un sueño en mente y lo luchara por mucho tiempo hasta alcanzarlo, depende de la pasión y la constancia que le pongas. La palabra pasión tiene dentro de ella muchas palabras más. La palabra pasión significa:

- ✓ Querer.
- ✓ Soñar.
- ✓ Superarse.
- ✓ Alcanzar metas.
- ✓ Éxito.
- ✓ Constancia.
- ✓ Deseo.
- ✓ Dedicación.

Al tener la palabra pasión en tu mente, significa tener todas esas otras palabras dentro de ti también. Es que sin una mínima pizca de pasión los sueños son casi que imposibles de alcanzar.

Cuando creamos un vínculo entre lo que sabemos y queremos se crea una fuerte coraza de querer superarnos y alcanzar la estabilidad sea financiero o emocional.

Pero es que, podemos tener la idea bien estructurada, pero si no tenemos la pasión y el deseo ¿Cómo crees que lo harás realidad? Es como aquel que quiere andar en auto, pero no busca la manera de recargarlo de gasolina, ¿Cómo piensas rodar si no tienes el combustible? Así es este mundo. Si no tienes la determinación correcta entre lo que quieres y la pasión, simplemente todo se quedara en solo ideas, y esa no es la meta que queremos.

Queremos que te conviertas en aquel gran empresario de renombre que fue luchando poco a poco contra todo, solo para lograr su sueño; aquel que siguió adelante gracias a su pasión y determinación, y no le dio importancia a los problemas que se le presentaron en el camino. La pasión será aquel empujón que te auto-darás para salir adelante sin importar nada, la pasión solo te obligara a ver adelante a donde es debido, allá arriba bien arriba para que puedas llegar allá.

"Sin pasión no existe el éxito"

Sigue tus instintos y no te resignes

A lo largo de este camino lleno de confusiones, enredos, lágrimas, dolor y éxito, tendrás que tomar decisiones rápidas, donde la decisión que tomes tendrá que no afectar en lo más mínimo y tendría que ser una decisión muy buena. Muchas veces necesitamos de una mano amiga que nos ayude a tomar la decisión que es debida, pero sin duda alguna la última palabra la tendrás tú como jefe.

Los instintos que salen repentinamente podrían ser buenos o malos, pero cuando tienes tanto tiempo persiguiendo el éxito con tu empresa, creas un vínculo único con toda tu empresa y lo que te ha costado llevarla a donde está ahora. Es como si crearas un vínculo con tu hijo. Cuando tienes un hijo eres capaz de saber en muchas ocasiones que querrá hacer. Es como si un puerto USB te conectara con él y contigo, y antes de actuar ya sabes lo que puede pasar. A eso se le podría llamar (instinto por conectividad) lo mismo pasaría con tu empresa, ya cuando tenemos muchos años en el camino de llevar la empresa al éxito, desarrollamos en la mente una especie de conectividad telepática que nos ayuda a tomar acciones rápidas y eficaces.

Este tipo de capacidad de conexión se da cuando tienes mucho tiempo conociendo a alguien, o a tu mascota, o a algo que te allá costado y le tengas un cariño muy grande.

Los instintos yo los defino como: la capacidad instantánea de resolver algún problema rápidamente. Somos como una madre, tu madre te estuvo nueve meses en la barriga, e instantáneamente desde que empiezas a crecer en su barriga el cuerpo de tu madre empieza a tener una conexión feto, cerebro, que con el pasar del tiempo se ira haciendo más y más fuerte. Al momento de nacer esa mujer, te conoce a la perfección, y al ir creciendo te ira conociendo cada nuevo detalle que vayas implementando. Pero tal vez ella ya sepa lo que harás y como lo harás. No sé si te ha pasado, pero a mí me pasa casi siempre, mi madre conoce cada paso que puedo dar y como lo daré, sabe que me gusta, y que tan capaz y loco puedo ser a la hora de un problema. Su instinto como madre se activa inmediatamente y empiezan a llegar todos esos sabios consejos que te ayudan a calmarte. Así es tu mente con tu empresa, los instintos te pueden dar malos y buenas ideas, pero cuando ya tenemos mucha conexión con algo que amamos lo malo queda en segundo plano, y lo bueno siempre sale a relucir.

"Cuando luchaste por lograr algo, tus instintos solo te darán buenas ideas"

Los negocios son como el running

Podemos comparar los negocios muy perfectamente con el trote deportivo, esta comparación es algo fuera de lo común, pero si nos damos cuenta, utilizamos los mismos objetivos y métodos, solo que en diferentes ocasiones.

El mundo empresarial te pone a correr a lo máximo y si no tienes la capacidad adecuada te rendirás en el intento. Cuando empezamos a adaptar nuestro cuerpo a diario a un ejercicio tan complicado como el running. Y empezamos con el primer día, nuestro cuerpo no tendrá aquella gran resistencia, que podría tener un mes después. Cada vez que salimos a trotar nuestro cuerpo va tomando forma y agarrando la resistencia hasta llegar a sobrepasar la hora o dos horas de trote continuo, pero todo esto implica más que ganas de hacer running, esto implica: investigar, acoger técnicas de otros corredores, a aplicar tus mismas técnicas, y ver cómo van dando resultados cada día al irlas implementando, y si no funcionan simplemente la eliminas y agregas otra técnica para mejorar tu resistencia o la forma como caen tus pies.

Cuando empezamos a crear una empresa queremos salir corriendo a comernos todo negocio que se nos presente, pero si corremos desde el principio nos cansaremos muy rápidamente y no queremos eso, nada mejor que irnos adaptando al juego de los negocios, pues si somos muy veloces nos podemos estrellar, pero si somos lentos, podemos notar cada detalle que se nos presente en el camino, y no sabes lo importante que es dedicarte a cada detalle y aprender. El mundo de los negocios se asemeja mucho al trote (running) porque al igual que el trote, el mundo empresarial requiere de técnicas, ideas y de aprender de los demás y consejos.

Cada vez que vamos agarrando un poco de experiencia, nos vamos moldeando y nos damos cuenta quien quiere hacer las cosas como es debido, y quien está solo para jugarte una mala pasada. Sabremos como hacer cada negocio con cuidado, y si requiere de alguna técnica de venta o llamar a clientes. En este mundo del emprendimiento todo implica; si no aprendes, te derrota; si no aplicas técnicas, te derrotan; si no tomas consejos puede que más adelante los necesites y tengas que andas inventando algo que tal vez no te de muy buenos resultados.

Cada idea que quieras desarrollar y llevarla lo más arriba que se pueda tiene que tener todo bien armado y planeado.

A veces necesitamos más resistencia que todo, ya que algún momento no todo nos saldrá como queramos, y debemos esperar mucho tiempo que nos desespera, pero después de todo el tiempo puede llegar el éxito que querías que tuviera esa idea. Pero si no tenemos esa habilidad que se va ganando con el tiempo de tener la espera no sabremos qué tan buena será nuestra idea en un futuro.

Un ejemplo claro está en los cantantes, aquellos que sacan una canción y al momento que la lanzan a todas las plataformas, no tiene el éxito que ellos creían que tendrían. Simplemente se ponen a trabajar en otra música por lo decepcionado, pero el cantante no sabe que a la vuelta de 2 años la canción es una de las más sonadas del momento. Y ha pasado, y tal vez pase en este momento la música que has escuchado más de 20 veces hoy en el día. Es que nadie sabe qué tan bueno puede ser tu idea a la vuelta de 2 años o meses más adelante. El destino es impredecible y emocionante, pero muchas veces es solo cuestión de esperar. La habilidad de la espera la vamos acogiendo cada vez más con cada día que nos toque esperar por algo o alguien.

Yo era un tipo de persona que me molestaba esperar demasiado, si la hora de la cita era a las 3:00 pm y eran las 3:01 ya yo estaba de mal humor. Pero no podía vivir con eso todo el tiempo y cada vez que tenía que esperar. Por mis adentros me dije: NO, porque si seguía con eso cuando me tocara algo importante que afrontar y todo se retrasara, podría hacer alguna locura y perder la oportunidad de mi vida.

Así que decidí aprender de mi error en ese momento y aplicar una técnica para aprender a no molestarme y tener la habilidad de esperar todo el tiempo que fuera posible hasta que ya fuera obvio que no llegaría la entrega o la persona. Así que decidí crear una técnica personal que era o que es, porque aún la aplico: Cuando tenía una cita con alguna chica y no llegaba al tiempo estipulado, yo me decía. Tal vez ella se esté poniendo maquillaje o algún buen perfume para que el momento fuera más dulce. Siempre pensaba que era algo bueno que ella estaba haciendo y por eso no llegaba, o pensaba que el tráfico estaba pesado y por eso no llegaba, hasta que aparecía y todo como si nada. Pero ¿Qué hubiera pasado si pensara negativo? Obviamente hubiera convertido el momento más incómodo, y si me hubiera molestado por la espera hubiera sido muchísimo más incómodo, al momento de llegar de la chica tal vez podría decirle algo estúpido como ¿Por qué llegas tarde? Y podría causar una discusión en un momento que debería de ser bueno. Y sí, así de rápido puede cambiar todo, por solo estar en otro plano.

Tal vez hubiera perdido al amor de mi vida si hubiera actuado de otra manera, pero aprender de los errores es lo mejor que podemos hacer. Gracias a mi técnica aplicada ahora tengo la hermosa y bella habilidad de seguir esperando hasta más de dos horas en un lugar por algo o alguien, solo por pensar que algo estará haciendo.

Simplemente si no llega, me levanto y me voy por donde vine, sin berrinches y rabietas, porque eso no hará que esa persona llegue así de simple.

"Consulta consejos, aplica técnicas, y aprende"

La gota y la roca

Se cuenta que una roca estaba en el medio de un rio, y el rio quería pasar por ese lugar, pero la roca lo interrumpía por estar en el medio del camino. Todos decían que la roca era indestructible por lo fuerte que era su masa. El agua no les hizo caso a los comentarios, y menos aquellos comentarios que tenían la palabra imposible. El rio dijo: yo pasare por ese lugar a como dé lugar porque me pertenece. La roca respondió sonriendo: No eres más fuerte que yo. Y así empezó la guerra por el territorio. La roca lustro su superficie y se preparó para pelear a muerte por el territorio. El agua tenía solamente eso, agua, y no tenía nada más. Ella no se rindió y se dijo: esta pelea será de resistencia y consistencia. ¿Veamos quién gana? Fueron pasando los días y el agua contra atacaba a la roca con gotas de agua que caían en una muy buena consistencia de tiempo y repetidamente. Fueron pasando los meses y la roca estaba intacta. El agua se preguntaba ¿Cuándo se ira a romper? La duda ya la estaba invadiendo, pero ella elimino esos pensamientos y se dijo: esto es una pelea a muerte, si me rindo pierdo, y no me rendiré.

Así fueron pasando los días y al llegar el primer año de solo goteo sobre la roca, la gota provocó un pequeño agujero que causo su goteo constante.

La roca ya no habla mucho ni con mucha fuerza, porque sabe que el agua ahora tiene un poco más de posibilidades de ganas. El agua al ver su ganancia de la consistencia empieza a gotear más y más rápido.

Así fue pasando los meses y cada año que pasaba el agua tomaba más confianza en ella misma. Ya cuando pasaron 4 años y 3 meses la roca tenía un gran hueco, pero ahora su boca habla más y más fuerte: no podrás contra mí, porque yo soy invencible insignificante agua. Pero el agua no caería en su juego y respondería con suma confianza: tú solo hablas porque sabes que te estoy ganando. La roca cambio su cara automáticamente y casi al instante se escucha un fuerte crujido que dura algunos largos segundos. La roca se mira de abajo arriba y empieza a llorar, mientras que el rio la ve con ojos de "te lo dije" la pelea había terminado después de un largo tiempo y el rio finalmente había ganado la pelea. La pelea duro algunos cuantos años, pero ahora el rio disfruta su triunfo porque está pasando por el lugar donde siempre quiso pasar, ahora el agua pasa con felicidad y cada vez con va avanzando se va consiguiendo con más obstáculos, pero no le importa porque su experiencia le enseño algo muy importante. Que así no tengas los recursos suficientes, con la consistencia y la perseverancia puedes lograr el sueño que quieras.

Cuando nos enfrentamos al dilema de ¿tengo una buena idea, pero no tengo el dinero? ¿Qué crees que debes hacer? Pues debes buscar la manera de ganarte el dinero para invertirlo en la idea que quieres. No es bueno quedarse solo mirando al suelo esperando a que crezca un árbol y te de todo el dinero que quieras.

La consistencia es sin duda alguna un pilar fuerte del edificio que iras construyendo poco a poco con tu pasión. Cada sueño yo lo defino como si fuera un edificio: tu idea es la base del edificio, el concreto son las ideas que pueden agregar después para hacer de la idea cada vez mejor, los bloques son la constancia, los pilares que mantendrán tu edificio serán tan fuertes como tú quieres que sea, mientras más pilares fundamentales le agregues a tu edificio, será más fuerte de tumbar. Cuando creamos una fuerte base costara demasiado trabajo poder tumbar tu edificio. Mientras los demás buscan la manera de derrumbar tu edificio ese tiempo que toman ellos en tardar tumbar tu edificio por lo fuerte, tú puedes contra atacar. Es una de las ventajas de tener fuertes bases.

Sin duda alguna las verdaderas claves del éxito están en cada uno de nosotros. Solo que debemos desarrollarlas tanto como se pueda, tal vez alguno tengan el dinero, pero no la constancia, puede que algunos no tengan el dinero, pero tiene la constancia. Todo depende de la persona, de cuantas ganas tenga en verdad de triunfar y de alcanzar tus dueños, el combustible del ser humano es la pasión, y dentro de esa palabra se encuentran todas las claves del éxito que puedes disponer para alcanzar la meta que quieras.

La constancia, perseverancia, esfuerzo, ganas, deseo, desarrollar habilidades que no tengas, confiar, desconfiar, saber, sobre todo. Y muchas de miles de cosas que puedes agregar a tu mente para alcanzar el éxito.

Pero todo, absolutamente todo depende de ti. Si quieres triunfar vas a triunfar si te enfocas en eso, pero si quieres triunfar y no te enfocas, no lo harás.

"La constancia y la perseverancia hacen la diferencia"

Aprende de la historia

Nosotros que nos levantamos cada día con ganas de ser alguien mejor, y de acercarnos cada vez más a la perfección sea espiritual o empresarial, debemos aprender de la historia, y de todo lo que pasaron los demás para llegar a ser quienes son hoy. Nosotros que estudiamos el fracaso de los demás y aprendemos como si hubiera sido a nosotros quien nos pasó, nos enseña cada vez más sobre la vida, y el mundo empresarial. Cada vez más nos vamos dando cuenta que en realidad todo es superar y persistir, solo eso. Pero esas simples palabras la mayoría no las resisten. Solo unos pocos triunfan y siempre es bueno ver ¿cómo? ¿por qué? Y Cómo hicieron para superar todo.

Un detalle similar que tienen todas esas personas que triunfaron a pesar de las adversidades son que: ninguna se rindió, a pesar de que algunos lo hicieron, se levantaron y siguieron adelante aprendiendo de sus errores cometidos.

¿Cómo es posible que una persona que cae todo el tiempo en fallas sigue intentándolo como si nada pasara? Es una muy buena pregunta. Pues esas personas están rodeadas del: yo sí puedo, y su barrera protectora es una de 5 metros de grosor en contra del miedo a lo que pueda pasar más adelante, son personas aventureras que ya se van preparando para el siguiente problema al apenas haber salido de uno.

Y eso no se llama paranoia, no. Eso se llama estar prevenido, y siempre activo ante cualquier inconveniencia.

Hoy aprenderemos de Abraham Lincoln. Una extraordinaria historia inspiradora, capaz de hacerte salir adelante cuando veas que tu estas en pañales, ante todo lo que paso este exitoso hombre, que, al superar todos sus problemas, y seguir adelante, dejo una marca gigantesca en la historia del mundo.

Lincoln nació el 12 de febrero de 1809, fue un hombre con muchos obstáculos en su vida. a los 7 años de edad tuvo que trabajar para ayudar con el sustento familiar después que tuvieran que dejar atrás su casa. Luego de 2 años de inconveniencias, a los 9 años su madre muere, obviamente destrozando su corazón. Ya luego de la muerte pasamos a los 22 años de edad del joven Lincoln. Fracaso en todos sus negocios. A los 23 años de edad fue derrotado en las elecciones de legisladores, no pudo entrar en la facultad de derecho.

A los 24 años se declaró en banca rota. A los 25 fue derrotado nuevamente en las elecciones de legisladores. A los 26 años cuando ya se iba a casar su prometida fallece y su corazón nuevamente se quebró. A los 27 años tuvo una crisis nerviosa y paso 6 meses en cama. A los 29 años fue derrotado en las elecciones para representante del estado.

A los 31 años no pudo formar parte del colegio electoral. A los 34 años fue derrotado en las elecciones al congreso. A los 37 derrotado nuevamente en las elecciones del congreso. A los 39 derrotado por tercera vez en las elecciones al congreso.

A los 40 no fue aceptado para un trabajo como alto funcionario de su estado. A los 45 años derrotado para las elecciones del senado. A los 47 años derrotado en las elecciones del partido republicano para candidato a vicepresidente del país, con menos de 100 votos. Con 49 años fue derrotado nuevamente en las elecciones del senado. Con 51 años Lincoln es elegido como presidente de los estados unidos de norte américa.

Ahora ¿aprendimos la moraleja?
-Este hijo de dios dijo estas palabras:

"Al final, lo que importa no son los años de vida, sino la vida de los años"

Lincoln fue una persona que paso por mucho en su vida, desde muerte de sus seres amados, hasta la banca rota y perdida en contiendas electorales. Con el pasar del tiempo en los años que quedaron en la historia nos dimos de cuenta que sí, pasaron muchos años hasta lograr lo que quiso. Aquí lo importante no son los años que pasaron para que el alcanzara su meta. Aquí lo importante es que a pesar del duro camino que afronto desde pequeño, lo afronto con valentía, siempre siguió adelante, y nunca se rindió. Pero lo que creo que lo llevo a donde llegó, fue que aprendió de todos los errores, y cuando encontró la clave entre tantas derrotas. Se convirtió en lo que fue hace años atrás, y lo que representa hoy en día.

Hoy intentaremos aprender todo lo posible de este hombre.

Te recomiendo que hagas una pausa aquí, busques papel y lápiz y empieces hacerte estas preguntas.

- ✓ ¿Qué aprendí de Lincoln? todo lo que crees que aprendiste anótalo en tu cuaderno.
- ✓ ¿Por qué me quejo tanto, si existen historias peores que las mías?
- ✓ ¿Debo seguir adelante?
- ✓ ¿He aprendido de mis errores? O ¿solamente me he dejado llevar de la rabia?
- ✓ ¿Por qué no me levanto y busco mi éxito?
- ✓ ¿Seré yo capaz de alcanzar mi sueño?
- ✓ ¿Por qué si otras personas pudieron, yo no puedo?

✓ ¿Me he analizado a mí mismo?
✓ ¿Tengo ideas para triunfar? O ¿solo me creo triunfador con solo pensar?

Todas esas preguntas te las vas a responder con la mayor sinceridad del mundo.

Analiza tus respuestas detenidamente y pregúntate ¿Quién soy? ¿A dónde quiero ir? ¿Qué he hecho para empezar mis sueños? ¿Por qué según yo debo estar en la cima? Luego de responderte todas esas preguntas, en tu cuaderno has un análisis completo de esa persona que describiste en esas preguntas. Luego de desahogarte escribiendo ve en donde están tus errores, y acomódalos. Intenta enmendarlos con cosas buenas. Luego de todo eso, quiero que te levantes, mires al espejo, te mires a los ojos por un minuto sin desviar la mirada, auto intimídate.

Y pregúntate. ¿Me quedare acá mirándome? o ¿saldré a buscar mi éxito? Luego de responder esas dos últimas preguntas, si elegiste la primera, pues debes volver hacer el experimento y describirte más exhaustivamente, porque aún no eres capaz de creer en tu potencial. Pero si escogiste la segunda opción, debo felicitarte. Acabas de empezar una nueva etapa de emprendimiento motivacional en tu vida. Debes ponerle corazón y empeño para no desilusionar a ese chico o chica aburrida que viste por un minuto a los ojos en el espejo.

-Aprendamos de otros de los hombres que dejo una marca en el mundo, se trata de: Colonel Sanders fundador de Kentucky Fried Chicken (KFC)

¿Quién no se ha comido un pollo frito de KFC? Pues la empresa KFC es una de las empresas de venta de comida más grande del mundo, esta empresa genera billones de dólares al año, y está distribuido casi que por todo el mundo.

Cada vez que una persona se come un pollo frito de dicha empresa, se come un poco de éxito, y constancia del señor Colonel.

A los 5 años muere su padre, a los 16 años dejo los estudios, a los 17 ya había perdido alrededor de 4 trabajos, a los 18 se casó, entre los 17 y 18 trabajo como conductor y fallo nuevamente. Se unió al ejército y fue retirado, aplico para la escuela judicial y fue rechazado, se convirtió en papá a los 19 años, a los 20 lo dejo su esposa y se llevó a su única hija. Se convirtió en cocinero y lavador de platos en una pequeña cafetería, intento recuperar a su hija, pero fallo, a la edad de 65 años obtuvo su retiro, en el retiro recibió un cheque de gobierno por 105$, sintió que el gobierno le daba a creer que no podía mantenerse a sí mismo.

Decidió tomar una fuerte decisión de suicidarse, pensó que no era necesario vivir más si su vida seguía con tantas fallas. Se sentó debajo de un árbol y empezó a escribir lo que había logrado en su vida, a pesar de todo lo malo. Y se dio de cuenta que había muchas cosas que no había hecho aún, se dio cuenta que había algo que podía hacer mejor que nadie más. COCINAR.

Presto 87$ del gobierno y compro una freidora, hizo pollo utilizando su receta única y lo vendió de puerta en puerta en su pueblo cerca de Kentucky estados unidos.

¿Recuerdan que este hombre intento quitarse la vida? Pues a los 88 años de edad, Colonel Sanders fue un hombre billonario. Y pensar que estuvo a punto de no saber que le deparaba el destino solo por dejarse llevar por los fallos.

Y es que a veces las mejores ideas nacen cuando entramos en un punto mental que no sabemos para donde ir. En ese momento pasan muchas cosas por nuestra mente, y depende de cómo tomes los pensamientos, pueden llegar a ser bastante negativos. En ocasiones llegamos a pensar: ¿será que estoy destinado a fracasar siempre? Cuando en realidad la vida te está preparando para que al momento correcto no cometamos errores, por eso es muy importante aprender de los errores que cometemos antes, para cuando tengamos una oportunidad no dañarla.

Acojamos la experiencia de este hombre y adaptémosla a nuestra vida, vivámosla como si fuéramos ese hombre que consiguió ese gran éxito.

Hagamos lo mismo que hizo ese hombre, y sentemos no, agarremos un cuaderno y anotemos todo lo que hemos hecho.

LAS CLAVES DEL ÉXITO EN LA VIDA

Y vayamos pensando que nos falta por hacer, y cómo hacer para que no fracasemos en eso que nos falta por hacer. Analicemos nuestras vidas y démonos cuenta que no todo está perdido. Que a pesar de que todo este saliendo mal, más adelante podemos encontrarnos con un éxito inimaginable.

A pesar de que ese hombre estuvo a punto de quitarse la vida, a último momento escogió la mejor manera de salir de apuros, pensar en positivo a pesar de que estaba inmerso en un mar de auto negatividad. Empezó a encajar todo sobre su vida, pensó en que le faltaba por hacer, y estoy seguro que pensó como hacerlo antes de actuar. En ese momento ese hombre pensó todo absolutamente todo, y la idea fue demasiado buena en el momento justo, para que no tomara la horrible decisión que iba a tomar.

Pregúntate esto:

¿Valdrá la pena dejarnos vencer? ¿Valdrá la pena dejarnos derrotar por la tristeza del saber que nunca hemos progresado? Si nos dejamos dominar por la tristeza y el fracaso, ¿acaso crees que esas dos palabras negativas te harán surgir? ¿Te harán salir a flote? Si eres bueno contigo mismo, sabrás que tienes que aprovechar en este momento tu tristeza o tu felicidad para ponerlo en producción, hacer algo que valga la pena, hacer algo que te de la estabilidad económica que quieras, la comodidad a tu familia. El deseo a querer un buen coche, una buena casa. ¿Quién no quiere eso? Todos los queremos. ¿Pero sabes qué? No todos sabemos cómo lograrlo, o muchos sabemos cómo hacerlo, pero no tenemos el valor, solo porque hemos fallado miles de veces, y ya estamos arrepentidos de todo intento por lograr el éxito. Vamos amigo/ amiga. Vale la pena totalmente salir adelante y callar bocas con tus acciones y logros. Vale la pena dejar sin palabra aquel que dijo que nunca serias nada. Vale la pena seguir adelante después de tantas fallas porque tú no sabes a donde te llevara esa nueva idea. ¿Qué sabes tú si más adelante eres ese empresario del que todos hablan y quieren trabajar en tu empresa? Creo que sería algo muy bueno darle trabajo a alguien que hablo mal de ti y dijo que nunca llegarías a ser nadie en la vida. Eso le serviría como lección de vida, y como un tapón de boca. Y ahora: ¿vas a luchar? O ¿te rendirás? ¿Eres cobarde? O ¿eres valiente? Demuestra de lo que estas compuesto, y demuestra que tú eres capaz de lograr todo lo que quieras, aunque el pasado te diga que no puedes. Sal adelante y demuestra que tu si puedes lograr grandes hazañas, y que eres digno de admirar.

"No te rindas nunca, porque nunca puedes saber cuándo llegará tu éxito."

Cuida tu salud

El mundo empresarial te quita mucho tiempo de tu vida, pues es solo cuestión tuya si sabes distribuir las horas entre descanso/familia/trabajo. Pero más que tiempo el estrés que te pueden causar las cosas que no salgan como lo planeado podría causarte un gran daño al pasar de los tiempos. El estrés ha sido un factor importante en los infartos en personas. Con el estrés no se juega, si no es atacado con cambios de rutinas diarias, vacaciones, y saber controlarlo podría causar estragos en ti.

Pero no solamente el estrés puede causarte daño, existen miles de formas de hacerte daño mientras trabajas, podría ser: no comer bien, no ejercitarse, no dormir bien, no sobre llevar las molestias causadas, entre otros más.

Además de servir como una ayuda para tu cuerpo, el hacer ejercicios elimina el estrés acumulado, y vas al trabajo siendo un hombre totalmente nuevo. Capaz de afrontar alguna molestia como si no fuera un gran problema y resolverlo en menos de lo que canta un gallo, no es juego las rutinas de ejercicios pueden cambiar tu vida emocional y laboral radicalmente. Y solamente le podrías dedicar 15 minutos a diario, 15 minutos que no hará que pierdas tu trabajo, mucho menos si eres tú, tu propio jefe.

- Existen miles de formas de ejercitarse y cada día aumentan más las herramientas para hacerlo desde casa, parque, o gimnasio. Podrías agregar a tu vida diaria una rutina de trote o running de solo 10 o 5 minutos al día. Y mientras más resistencia tengas más vas alargando tu logro.
- Podrías comprar herramientas de ejercicios por la internet, y en tu propia casa podrías hacer tus ejercicios. Debemos aprovechar al máximo la era de la tecnología, y es que en el internet se encuentra todo tipo de ejercicios y como hacerlos.
- Puedes meterte en un gimnasio si deseas algo más profesional, y buscar resultados no tanto para sobrellevar un poco más el estrés laboral, sino que también buscar resultados físicos, que sin duda te harán sentir mucho mejor.

No todo en la vida es dinero, muchas veces el dinero no puede comprar la salud, solo te mantiene la salud, pero cuando ya estamos en un punto crítico el dinero no te servirá en nada. Debemos estar en un punto medio entre trabajo, y salud. Porque sin salud, no existe la posibilidad de ser exitoso.

"Sin salud, no existe dinero que valga"

Acepta ayuda cuando la necesites

A lo largo del camino como emprendedor, familiar, de trabajo o lo que sea; te vas a conseguir con muchos problemas, y muchas veces serán tan grandes que no encontraras la salida. Es como un túnel en el que fuiste metido y por más que puedas se te hace difícil encontrar la salida. Muchos de nosotros nos hemos sentido en esas situaciones y sabemos perfectamente que no es nada bueno ni bonito. Lo contrario es una de las peores experiencias que puede sentir un ser humano.

Cuando nos frustramos por problemas y nos dejamos llevar por la negatividad, creamos una gran distracción mental del cual nosotros mismos en muchas ocasiones no podemos salir. Algunas personas tienen el don de hacernos recapacitar con solo decirnos tres palabras y con darnos un abrazo o un beso. Ese tipo de personas cuando ofrecen ayuda y estas en esa situación, ACEPTALA.

Muchas personas alrededor del mundo son tan orgullosas que prefieren morir en el pozo sin fondo de la negatividad, a aceptar ayuda de una persona que te quiere.

Decimos: ¿para qué si estoy bien? No te molestes, yo puedo solo, ¿prefiero intentarlo solo? Cuando en realidad te encuentras en un callejón sin salida, y tu perfectamente lo sabes, pero no eres capaz de aceptar ayuda solo porque tú te crees el mejor de todos, o eres muy orgulloso. El orgullo ha llevado a grandes personas a la muerte, al igual aquellas personas que estaba por un buen camino y por no seguir consejos lo perdieron todo.

El ser humano cuando se decide a lograr algo, lo logra, pero cuando nos negamos a aceptar ayuda perdemos una oportunidad de aprender un poco más. Muchas veces las personas que se ofrecen a ayudarte, es porque saben que lo estás haciendo mal, no te lo dicen para no hacerte sentir mal o no faltarte el respeto, pero te están ofreciendo ayuda para que no tengas los mismos inconvenientes que ellos tuvieron.

Pero es que acaso ¿has visto a un mega edificio ser planeado y construido por una sola persona? ¿Nunca verdad? Así son tus planes, aunque los quieras hacer completamente todo, en algún momento de toda tu travesía necesitaras la ayuda de un experto o el consejo de una amistad. Muchas veces es mejor dejarnos ayudar, que dejarnos llevar por nuestro orgullo que no nos llevara a nada bueno.

Existen personas que han logrado cambiar a personas muy malas, delincuentes capaces de hacer lo que sea, pasan a ser como un lindo corderito, cuando encuentran al amor de sus vidas, o tienen a algún bebe. Así de rápido puede cambiar la vida una persona correcta. Y así mismo puede cambiar la vida una buena ayuda para ti, o un buen consejo.

"No seas orgulloso, que no siempre tendremos la razón y la capacidad de resolver todo"

Termina lo que empezaste

A muchas personas en el mundo les gusta empezar una idea y dejarlas a la deriva solo por la pereza, o por otras razones. Cuando empezamos el camino del emprendimiento una idea tiene que ser desarrollada al máximo, y mucho más si la idea tiene un gran potencial.

En nuestro alrededor, muchas personas con una creatividad increíble dejan de perseguir sus sueños solo porque el éxito no les ha llenado de la manera más rápida posible.

Cuando desarrollamos una idea es llevarla al máximo, e irla innovando hasta que sea posible. Debemos acostumbrarnos y a meternos en la cabeza que toda idea tiene que ser llevada al máximo y nunca se debe dejar a la deriva por cualquiera razón.

Hay un dicho que dice "PARA QUE DEJAR PARA MAÑANA, SI LO PUEDES HACER HOY" en ese dicho existe mucha verdad, es que nadie sabe los designios del destino, y nunca nadie sabrá si esa idea es buena para este día, y el día de mañana sea la peor idea del mundo.

Por ejemplo: Llega una señora a una pastelería y se siente triste. Ella quiere un pastel de dos niveles con muchos emojis tristes para contar su historia a sus amigas mientras comen pastel. Pero tú no tienes el tiempo en ese justo momento. La señora acepta que le entregues el pastel para el día de mañana, pero te da instrucciones antes de que empieces a hacer el pastel. –ok acepto que lo hagas mañana, pero antes de hacerlo me llamas- la pastelera acepta. Al siguiente día tienes todo el tiempo y ella llama al cliente para preguntar si quiere el pastel con las caritas tristes. Pero le responden. – no, ya no quiero el pastel y disculpe. Pero es que hoy me siento de muy buen humor y no quiero recordar nada de lo que sucedió ayer.

Analiza y respóndete a ti mismo: ¿si la pastelera hubiera sacado un poco de tiempo no hubiera hecho el pastel al cliente? Pero dejo para mañana lo que podía hacer ese día y perdió la oportunidad de haber ganado un poco de dinero más.

Así de malo podría ser dejar un buen plan para el siguiente día, y es que repito. Nadie sabe qué tan buena puede ser tu idea ese día, y el siguiente día pueda ser la peor. O que ese día puedas ganas unos cuantos miles de dólares, pero el día de mañana esa oportunidad no la vuelvas a tener.

Si tienes una idea en mente es mejor que la desarrolles al máximo si crees que hoy es tu día. Muchas personas se han dejado de ganas, buenos billetes de 100 solo por pereza o por irse a dormir.

Cuando el día de mañana lo podrías tener libre si haces ese pequeño detalle, o trabajo hoy mismo. No desaproveches las oportunidades que te presenta el día de hoy, porque mañana no podría ser un buen día.

"Hoy tu idea podría costar 1 millón de dólares, pero si la dejas para contar el día de mañana. Esa idea no podría costar ni un centavo"

¿Por qué debo ser exitoso?

Esta es una pregunta que me la hago y deberías de repetirla todos los días. No tanto tu y yo, si no también todas las personas del mundo deberían repetírsela a diario cada vez que ponen los pies en el suelo para levantarse. Y es que esta pregunta podría hacer de tu día a día, un manjar para aprovechar oportunidades.

¿Por qué debo ser exitoso? Repítete esto en la mente todos los días. Yo te daré mi respuesta, del ¿por qué? Yo debería ser exitoso.

Yo debo ser exitoso porque soy una persona que lucho a diario para conseguir mis oportunidades, porque no me rindo ante los problemas, los supero, y aprendo de ellos. Aunque la vida me ponga obstáculos en mi camino yo los venceré con mi ingenio y capacidad que tengo para ser exitoso.

Me merezco el éxito porque yo me lo merezco, porque mi familia se merece una mejor comodidad, porque mis hijos tendrán la mejor educación y también tendrán las comodidades. Debo ser exitoso porque si yo no busco la manera de conseguir mi éxito ¿Quién me dará éxito?

Debo ser exitoso porque todo el mundo hablo de mí, mientras yo solo escuchaba sus negativos deseos y sus risas de burlas, y debo hacerlos callar, debo hacerlos pensar de noche que estuvieron equivocados, debo hacerlos pedir perdón frente al espejo o frente a dios cuando recapaciten del mal que me desearon y vieran lo exitoso que seré. Por esas personas que creyeron en mí y nunca me juzgaron por mis ideas locas, que me apoyaron, y que dijeron que, si podía, por esas personas debo ser exitoso. Porque de mi plato comerán los que conmigo pasaron hambre, los que anduvieron a pies conmigo cuando no tuve coche, por esas personas que me brindaron un helado cuando no tenía dinero, por esas personas que me dieron ideas muy buenas y me sacaron de la depresión y del no puedo. Debo ser exitoso porque mi familia tiene muchas expectativas de mí y no puedo defraudarlos. Porque mis lagrimas derramadas y noches sin dormir de tanto pensar cómo hacer para que todo saliera bien, valgan la pena y no sea en vano. Debo ser exitoso porque tengo que dejar una marca en el mundo, debo dejarles a las personas un buen aprendizaje y ser un ejemplo para ellos. Tengo que ser exitoso porque yo nací para ser exitoso, porque la pasión, el empeño, las ganas, el deseo, la innovación, y ser arriesgado corre por mis venas. Y por lo más importante, debo ser exitoso, porque no me quiero defraudar yo mismo. Y es por eso que, desde hoy empezare a cambiar mi vida, e iré a buscar solo una cosa: ÉXITO.

Ahora te toca a ti amiga/o, usa la misma técnica del espejo, o la del cuaderno.

✓ Siéntate y escribe todo en un cuaderno, luego de escribir todo dilo en voz alta y veras como tu animo toca el cielo.

O mírate por unos minutos directo a los ojos y pregúntate. ¿Por qué debo ser exitoso? Y dilo todo mirándote a los ojos, para que veas como se te queda todo grabado en la mente.

Veras como eso te hará sentir bien, y si eres una persona muy sentimental que caes en tristeza muy frecuentemente has todo eso a diario hasta que ya tu mente solo tenga dentro de ella que no existe otro camino que el de ser exitoso.

"¿Por qué debo ser exitoso? Porque yo me lo merezco y para eso lucho cada día."

Ventajas y desventajas de emprender

Todo en la vida tiene sus ventajas y desventajas, o sus pros y contras. Como lo quieras llamar, pero al final de todo lo que hacemos, es tenemos que lidiar con estas dos consecuencias.

Es que crear y montar una empresa no es nada fácil, y puede ser un proceso muy complicado, en los que entran muchísimos factores tanto profesionales, y emocionales.

VENTAJAS DE EMPRENDER:

✓ AUTONOMIA: Como emprendedores, nosotros mismos regulamos la velocidad en la que vamos a ser autónomos. Esta demás decir que ser autónomo de nuestra propia empresa es una mega responsabilidad, no solo para ti sino también para tu familia. Pero aparte de eso tendremos la satisfacción de crear y realizar, además de llevar las riendas de nuestra propia idea. Ideas que podrían generarnos mucha felicidad si somos capaces de saber desarrollar no tanto nuestra idea, sino también de saber llevar la autonomía, y los tiempos estipulados entre: FAMILIA/TRABAJO.

✓ SATISFACCION HA SI MISMO: No sé si has sido capaz de sentir orgullo y gran placer al notar que tu idea que pensaste te está generando buen dinero, es un placer indescriptible que te hace creer el empresario que todo lo puede. Y si, ¿a quién no le gustaría generar dinero con sus ideas? A todo el mundo, pero para eso se debe dedicar empeño y más que eso. Esta satisfacción que llegas a sentir es porque has pasado mucho tiempo pensando, o buscando la manera correcta de que todo salga como quieres, y te del dinero que pensaste tener con ese negocio antes de concretarlo. Esta satisfacción es única y todo el mundo debería de experimentarla.

✓ ESTABILIDAD ECONOMICA: Es posible que todos aquellos emprendedores que se abrieron a buscar su emprendimiento con su propia empresa son porque quieren lograr tener una estabilidad económica muy buena. Y es que si los negocios que tenemos planeados se dan y generamos más ingresos como emprendedores que como empleados habremos conseguido el éxito momentáneo.

En algunas ocasiones los ingresos no son tan grandes, o a veces son nulos al principio de la creación de tu empresa, pero para eso debemos tener un plan económico bien estructurado, y de lo que debemos hacer para no perder el dinero invertido, además de tener paciencia.

Al conseguir la estabilidad económica será un logro más para ti, y para las personas que creyeron en ti, desde ese momento en que todos los sepas, tal vez inspires a personas y seas un mentor de cómo hacer tu propio emprendimiento.

DESVENTAJAS DE EMPRENDER:

✓ MÁS DEDICACION, MENOS TIEMPO: Cuando ponemos en marcha definitiva nuestro proyecto empresarial autónomo tenemos que estar consiente que nos quitara mucho tiempo de aquellas actividades que tanto nos gustan hacer. Pero es que en este mundo de la autonomía tenemos que estar consiente de todo lo que implica emprender. Cada sacrificio tiene su recompensa y debemos pensar que a futuro el tiempo que le quitaste ya sea a tu familia o a las actividades que te gusta hacer serán devueltas, pero en mejor versión, tal vez con algún que otro lujo, y mayor comodidad tanto emocional, como financiera.

✓ ARRIESGAS TU DINERO: Son bastantes los factores que podrían afectar nuestro dinero al momento de empezar una empresa. Es que podemos estar en riesgo al momento de invertir en algo no tan factible para tu empresa.

✓ Como empresario autónomo, la responsabilidad recae en nosotros si el camino que escogimos es el correcto, o si el producto que vendemos es eficaz. En muchos casos las personas dicen: si agarro un poco de mi capital no afectara en nada. O dicen: tomare 3 mil dólares de acá porque el siguiente mes generare más. Cuando agarras capital estas cometiendo un grave error, además de que te puedes acostumbrar a eso, estas faltándote el respeto a ti mismo, y te convierte en una persona no responsable. Al momento de decir que podemos recuperar nuestro dinero tomado el siguiente mes no sabemos qué tan acertado sea eso, es que como he dicho nadie conoce el destino y no sabemos si el siguiente mes puede ingresar más dinero, o puede disminuir. Y no es negativo es ser realista. Mejor respeta tu capital, que más adelante puedes gastar toda tu ganancia en lo que quieras, pero eso sí, solo tu ganancia.

✓ PENSAR DEMASIADO: Es que cuando empezamos a hacer realidad nuestra idea, tenemos pensamientos negativos a las cuales iremos eliminando al pasar del tiempo. Es normal pensar ¿Qué pasaría si quedo sin dinero? O ¿y si no sale como quiero? Y muchos pensamientos negativos más.

✓ Es común en las personas sentir miedo a lo nuevo, a lo desconocido. Si no sintiéramos miedo a lo desconocido no fuéramos humanos. Yo considero que el pensar demasiado al principio es solo el comienzo del éxito.

No existe ninguna posibilidad de que nuestra empresa o idea llegue a ser exitosa, pero es bueno seguir intentando porque a nosotros los emprendedores nos gusta experimentar y saber que pasara en el futuro. Debemos arriesgar, y ser constantes, positivos, y tener fe. Son algunas claves para que las posibilidades de que se haga realidad sean más grandes cada día.

Recuerda tus raíces

Recuerda tus raíces y de dónde vienes, recuerda que de donde viniste hay personas que esperan una ayuda tuya, que hay personas que vivieron malas experiencias contigo y eso nunca se debe de olvidar cuando uno está en la cima. Tal vez el dinero no es siempre necesario para olvidar todos esos momentos, ni tampoco hacerlo en la forma de agradecimiento a esa persona por estar contigo en los momentos malos que ya pasaron porque esa persona no sabía en lo exitoso que te llegarías a convertir, pero en realidad el dinero si podría cambiar por un tiempo la vida de esa persona. No le des dinero como agradecimiento, dale dinero por estar contigo en el momento correcto.

He visto a muchas personas que cuando tienen el dinero suficiente no conocen a la persona con la que creció, o jugaron cuando pequeños, o no saluda al señor indigente solo porque anda mal vestido, o no le das los buenos días al vigilante, solo porque él está bajo tu estatus social, y económico.

El dinero cambia a las personas, y pensar que lo perseguimos por mucho tiempo, para que el haga ese cambio en algunas personas buenas al mal. El dinero es lo más sucio que puedes tener en las manos, pero puede darte cosas limpias, como una casa, o el coche que tanto quieres.

Utiliza el dinero para comprar comida al que lo necesita y ayuda a quien lo merezca.

La humildad no se pierde de un día para otro, la humildad se deja enterrar por el dinero y queda en el fondo. Todos aquellos que pierden la humildad con los suyos y te miran por encima de los hombros ¿de qué sirve? Si eres una persona de carne y huesos igual que yo y que todos; vienes de un vientre al igual que todos, de una mujer al igual que todos, y vivimos en la misma tierra donde todos somos iguales solo que de diferentes personas.

Hormigas somos todo solo cambia el hormiguero. No puedes andar por el mundo sintiéndote más que los demás solo por tener dinero.

Así como he visto personas hacerse millonarias por su esfuerzo y dedicación, las he visto pidiendo perdón sin un centavo en el bolsillo por las acciones que hicieron cuando tenían dinero y no supieron aprovechar esa bendición. No ayudara al hambriento, se burlaron del que duerme en la calle, rieron de las desgracias de los demás, no dieron la mano a quien la necesitaba cuando la necesitaba.

Amigo solo hay una cosa segura en este mundo, y se llama la muerte. Nunca creas que duraras para toda la vida, porque en cualquier segundo puedes cerrar los ojos y no despertar.

El dinero es muy duro de conseguir, pero muy fácil de perder. Dinero fácil se va fácil. Dinero fuerte de conseguir se va fácil también.

O que creíste que ¿porque te costó conseguirlo no se ira rápido si lo derrochas en cosas sin sentido? Hermano el mundo es cruel con los buenos, y comprensivo con los malos. Pero cuando se da cuenta que mereces castigo te hará sentir en lo más alto y te hará caer sin piedad alguna. No tendrá compasión contigo. Has el bien y veras como andarás por el mundo sintiéndote bien y con tus comodidades. Aprovecha si estas en la cima porque siempre llega alguien y te baja, o simplemente te caes y muy duro. No escupas para arriba porque la saliva te puede caer en la cara. Se humilde con las personas y no te creas más que nadie solo por tener dinero. Y si estas empezando a tener dinero actúa bien y se bueno con los demás, ayuda y se ayudado. Recuerda (ASI COMO VIENE SE VA.)

"Hormigas somos todos solo cambia el hormiguero"

AHORA POSEES LAS CLAVES DEL ÉXITO EN TODOS TUS PLANES A FUTURO, "USALAS" Y NUNCA TE RINDAS...

NOS VEMOS EN LA CIMA.

INDICE

www.ingramcontent.com/pod-product-compliance
Lightning Source LLC
Chambersburg PA
CBHW070544220526
45467CB00003B/1061